Escapade
à *NEW YORK*

SOURCE DES PHOTOGRAPHIES

The Travel Library /James Davis Travel Photography,
première de couverture, 5, 7, 8, 9, 11, 12, 16, 17, 18,
19, 21, 22, 27, 29, 31, 33, 34, 35, 36, 42, 47, 49, 52, 53
(bas), 57, 62, 65, 67, 85, 86, 95, 103, 111, 113, 117,
124 ; The Travel Library, 20, 39, 51, 53, (haut), 84,
89, 91, 92, 116, 126 ; Eye Ubiquitous/B.P. Adams, 83,
121 ; Eye Ubiquitous/Trevor Clifford, 23 ; Eye
Uboquitous/J. Grau, 24, 25, 60, 90 (haut), 97,99 ;
Eye Ubiquitous/Paul Seheult, 56 (bas) ; Eye
Ubiquitous/Selby 104-105 ; Eye Ubiquitous/Paul
Thompson, 30, 40, 45, 55, 56, (haut), 59, 90, (bas),
109 ; Eye Ubiquitous/Ian Yates, page de titre,
quatrième de couverture, 50, 73, 80, 87 ; Bridgeman
Art Library, 13, 43 ; Franck Biondo/Picture Perfect,
76, 78 ; E.R. Degginger/Picture Perfect, 103 ;
Audrey Gibson/Picture Perfect, 63, 68 ;
Allan Montaine/Picture Perfect, 61, 75.

*Première de couverture : Empire State Building ; quatrième de couverture :
la statue de la Liberté ; page de titre : Hard Rock Café.*

MANUFACTURE FRANÇAISE DES PNEUMATIQUES MICHELIN

Place des Carmes-Déchaux - 63000 Clermont-Ferrand (France)

© Michelin et Cie. Propriétaires-Éditeurs 1996

Dépôt légal janvier 1997 - ISBN 2-06-655401-4 - ISSN 1275-7179

Imprimé en U.E. 12-98/4

MICHELIN Services de Tourisme
46, avenue de Breteuil, 75324 Paris Cedex 07
☎ 01 45 66 12 34 - 3615 Michelin
www.Michelin-travel.com

SOMMAIRE

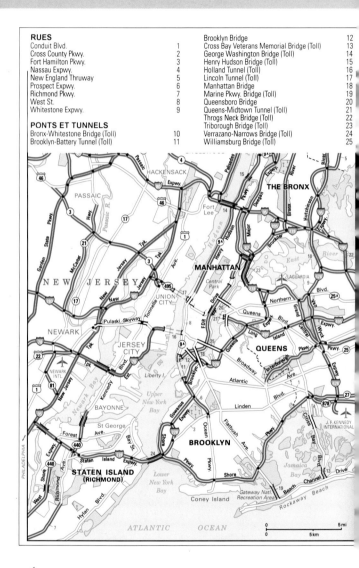

INTRODUCTION

Quiconque visite New York pour la première fois a besoin d'une énergie sans bornes et de l'endurance d'un coureur de marathon. Le grand et le petit écran vous ont tellement bien fait connaître les images de cette ville que vous vous sentez peut-être dans votre élément. Mais c'est uniquement en vous y rendant que vous pourrez vraiment prendre le pouls de son dynamisme exceptionnel et ressentir la cadence de "la ville qui ne dort jamais". Un millier de choses à voir et à faire vous y attendent et vous tomberez béats d'admiration à chaque coin de rue. La Statue de la Liberté, les vendeurs ambulants de hot dogs, les bretzels salés à vous mettre l'eau à la bouche, les canyons de gratte-ciel, le tourbillon des foules de New-Yorkais vaquant à leurs occupations, accueillent le visiteur dans la ville que ses habitants ont surnommé avec affection "la grosse Pomme".

Le pont de Brooklyn au crépuscule.

DESTINATION NEW YORK

Formalités d'entrée aux États-Unis

Consultez les Renseignements Pratiques en fin de volume, à la rubrique **Douanes**.

Comment s'y rendre

La plupart des vols transatlantiques atterrissent à John F. Kennedy (JFK). L'aéroport de La Guardia (LGA) reçoit surtout des vols domestiques. Ces deux aéroports sont situés dans le Queens, respectivement à une heure et une demi-heure de Manhattan. Les vols internationaux et intérieurs arrivent aussi à l'aéroport de Newark (Newark International Airport), dans le New Jersey, à environ 45 mn de route de Manhattan.

Sachez qu'il y a énormément de formules de séjour et de billets d'avion vers New York, et à tous les prix. Prenez donc la peine de les comparer avant de vous décider. Des billets bon marché sont souvent proposés par les agences de voyages spécialisées dans les vols long-courriers et par les opérateurs de charters. Les compagnies aériennes elles-mêmes vendent des billets APEX (Advanced Purchase Excursion) et Super-APEX. Vous découvrirez que les annonces publicitaires dans les éditions du dimanche et les divers magazines sont une excellente source d'informations.

Les formules associant billet d'avion et location de véhicule, ou hébergement, sont souvent plus économiques que des réservations séparées. Les agences de voyages disposent de brochures sur ce type de séjour.

Transports depuis les aéroports

Reportez-vous au chapitre Renseignements Pratiques en fin de volume, à la rubrique **Aéroports**.

Police montée dans les rues de New York.

GÉOGRAPHIE

La ville de New York est située à l'extrémité Sud-Est de l'État de New York ; à l'Ouest, on trouve la partie Nord-Est de l'État du New Jersey ; au Nord-Ouest, le Sud-Ouest de l'État du Connecticut et à l'Est Long Island. Elle s'étend sur les îles et les échancrures de la baie de New York et du détroit de Long Island, reliées entre elles par un réseau de tunnels et de ponts.

L'île de Manhattan se trouve à l'embouchure de Upper New York Bay, bordée à l'Ouest par l'Hudson et à l'Est par l'East River. Au Nord-Est, l'île de Manhattan est séparée de l'État de New York par la Harlem River.

Les cinq "boroughs"

À l'origine, New York n'occupait que l'île de Manhattan. Les cinq *boroughs* (sortes d'arrondissements métropolitains investis d'un statut administratif et juridique) dont se compose la ville

La rivière Hudson avec en arrière plan les gratte-ciel de Manhattan.

Vue aérienne de l'île de Manhattan.

aujourd'hui, représentent une superficie totale d'environ 828 km². Ces cinq boroughs sont : Manhattan, le Bronx, Brooklyn, Queens et Staten Island, qui ont chacun leurs traits distinctifs. (La zone métropolitaine élargie de New York s'étend sur 22 comtés, dont certains sont situés dans des États limitrophes.)

Manhattan est sans conteste le cœur de New York. C'est là que vous retrouverez tous ces lieux rendus si familiers par le cinéma et la télévision : les gratte-ciel, les théâtres, les musées et galeries d'art, Chinatown, Greenwich Village, l'East Village, Central Park et Harlem. Manhattan est divisée en trois districts principaux. Downtown, la partie la plus au Sud, s'étend vers le Nord à partir du quartier financier (Financial District) jusqu'à la 14ᵉ rue. Midtown continue vers le Nord jusqu'à Central Park, à la hauteur de la 59ᵉ rue. Au-delà se trouve Uptown, aussi appelé Upper Manhattan.

Au Nord de la 14ᵉ rue, New York est découpée par un quadrillage de rues et d'avenues. Les avenues vont dans le sens Nord-Sud, et sont numérotées de la 1ᵉ à la 12ᵉ, en partant de l'Est. Les rues, elles, vont d'Est en Ouest, et coupent les avenues. Certaines avenues ont un nom en plus d'un numéro : c'est le cas par exemple de la 6ᵉ avenue, appelée aussi Avenue of the Americas. De plus, beaucoup de rues dans Downtown suivent un tracé antérieur au quadrillage et portent des noms et pas des numéros. C'est le cas de Bleecker Street et Wall Street.

Le **Bronx** est l'arrondissement le plus au Nord et le seul situé sur le continent. Malgré sa mauvaise réputation liée à la criminalité (surtout la partie Sud), il englobe quelque 2 000 ha de parcs, dont le zoo du Bronx et le bien tranquille jardin botanique de New York.

Brooklyn, à l'extrémité Ouest de Long Island, est relié à Manhattan par trois ponts qui enjambent l'East River, dont le plus connu est le Brooklyn Bridge. Du haut de ce pont, que ce soit à pied ou en voiture, vous jouirez de vues exceptionnelles sur Manhattan et la rivière. Avec plus de deux millions d'habitants, Brooklyn est le plus peuplé des cinq arrondissements de New York et vous réserve beaucoup de surprises agréables, comme le délicieux Brooklyn Heights Historic District (le quartier historique), le Prospect Park (213 ha) ou le Brooklyn Museum situé sur East Parkway.

Queens. Situé sur Long Island, au Nord-Est de Brooklyn, Queens est le plus grand borough de New York. La plupart des touristes ne font que le traverser sur le trajet des aéroports Kennedy et La Guardia, tous deux implantés dans cet arrondissement.

Son nom lui a été donné en hommage à Catherine de Bragance, épouse du souverain britannique Charles II (1630-1685). Les championnats de tennis de l'US Open s'y déroulent tous les ans dans le parc de Flushing Meadow-Corona au Nord duquel se trouve le Shea Stadium, fief de la fameuse équipe de base-ball des New York Mets.

Staten Island. Cet arrondissement est resté dans une large mesure à l'écart des autres jusqu'en 1964,

Vue de Manhattan du haut de l'Empire State Building.

date à laquelle il a été relié à Brooklyn par le pont Verrazano-Narrows. C'est le plus petit des cinq boroughs, avec seulement 380 000 habitants. Malgré une forte poussée immobilière au cours des dernières décennies, il a su préserver une sorte d'indépendance champêtre. Ses habitants, quand ils se réfèrent à Manhattan, parlent de "la ville". On peut également y accéder par le fameux Staten Island Ferry, moyennant 50 cents seulement.

HISTOIRE

L'histoire de New York est plus ancienne qu'on se l'imagine en contemplant ses canyons de béton. Or trottoirs et gratte-ciel ne sont qu'une addition de fraîche date à une histoire fort longue.

Les premiers occupants

Bien avant l'arrivée des Européens, la région autour de l'Hudson était peuplée de tribus amérindiennes appartenant à deux groupes principaux et ennemis jurés : les Algonquins et les Iroquois. Les tribus d'Algonquins furent les premières à s'installer dans la région. Ils vivaient dans des wigwams et cultivaient la terre. Ils élevaient aussi du bétail, faisaient pousser des fèves, du maïs, des pois, des pommes de terre, des courges, du tabac et entretenaient des vergers. Les tribus Iroquois, elles, vivaient dans de longues habitations recouvertes d'écorce, d'où leur nom de "peuple des longues maisons". Ces tribus plus belliqueuses, étaient composées avant tout de chasseurs. Les hostilités entre les deux groupes indigènes se poursuivirent avec l'arrivée des Européens.

L'architecture futuriste de New York sèmble familière au visiteur d'aujourd'hui, et pourtant l'histoire de la ville est plus ancienne qu'on pourrait le penser.

Peinture de George Bingham exposée au Metropolitan Museum of Art, représentant des marchands de fourrures descendant le Missouri.

Les premiers explorateurs

Les premiers Européens à mouiller dans la baie de New York étaient en fait à la recherche du mythique passage Nord-Ouest vers les Indes.

Giovanni da Verrazano, ce Florentin à la tête d'un vaisseau français, jeta l'ancre dans la baie en 1524.

Henry Hudson, capitaine anglais à la solde de la Compagnie hollandaise des Indes orientales, arriva en 1609.

Hudson remonta la rivière qui porte aujourd'hui son nom, jusqu'à l'emplacement actuel de la capitale de l'État de New York, Albany. C'est là que Hudson et son équipage inaugurèrent le négoce avec les indigènes, qui vinrent leur proposer fourrures et peaux.

En 1613, le Hollandais Adriaen Block établit un comptoir commercial à Nassau, aujourd'hui Albany. Son navire, le *Tigre*, devait prendre feu plus tard alors qu'il mouillait, chargé de fourrures, sur l'île de Manhattan. Les restes calcinés du vaisseau ont été retrouvés lors des excavations entreprises sur le site de Battery Park pour la construction du World Trade Center.

Les Hollandais

Les premiers colons hollandais firent voile vers l'Amérique du Nord en 1624 pour y fonder la colonie de la Nouvelle-Hollande. L'année suivante, une colonie permanente fut établie sur l'île de Manhattan, qu'ils nommèrent Nouvelle-Amsterdam. Le premier directeur de la colonie, Peter Minuit, prit ses fonctions en 1626 et acheta l'île aux indiens de Manhattan contre des bibelots d'une valeur de 24 $ environ. Les Hollandais furent d'abord attentifs à entretenir des relations pacifiques avec les Amérindiens pour garantir le commerce de fourrures et autres denrées que ceux-ci leur fournissaient. Mais au fil du temps, l'acquisition de terres devint leur préoccupation principale et les indigènes en occupaient une grande partie. Les relations entre les deux communautés commencèrent à se dégrader avec la nomination en 1637 de William Kieft comme directeur général. Celui-ci entreprit d'écarter impitoyablement les indigènes, d'abord en les soumettant à des taxes outrancières, puis finalement par des incitations caractérisées au meurtre.

Sceau de la ville de New York.

Les tribus ripostèrent par des représailles et un quasi état de guerre régna jusqu'au milieu des années 1640.

Peter Stuyvesant, après une carrière coloniale fructueuse au Brésil et à Curaçao, fut nommé directeur général en 1647. Ses instructions étaient de régler la question indienne et d'assainir la Nouvelle-Amsterdam, qui avait acquis entre-temps une réputation de moralité douteuse. Sous son administration, les rues furent recouvertes de pavés ronds, des habitations permanentes en briques furent construites, des jardins plantés et une infrastructure commerciale établie. Il fit ériger un rempart défensif allant de l'Hudson jusqu'à l'East River, sur le tracé actuel de Wall Street. Peter Stuyvesant traita lui aussi les indigènes d'une manière impitoyable. Il alla même jusqu'à capturer des indiens pour les vendre comme esclaves dans les Caraïbes. Il fomenta les troubles entre les diverses tribus, manipulant un groupe pour mieux écraser l'autre. Bien que Peter Stuyvesant ait apporté prospérité et stabilité à la colonie, ses dispositions autoritaires et son intolérance religieuse vis-à-vis des communautés n'appartenant pas à l'Eglise réformée hollandaise, lui valurent de devenir de plus en plus impopulaire.

Les Britanniques

Les Britanniques, déjà bien implantés sur le littoral Est de l'Amérique, convoitaient de longue date la Nouvelle-Amsterdam, dont ils avaient reconnu le potentiel portuaire, avec un arrière pays riche et facilement accessible par la rivière Hudson.

Ils prirent possession de la ville en 1664 sans tirer un coup de feu – ses citoyens avaient abandonné les fortifications érigées par Stuyvesant et acclamé l'arrivée des quatre vaisseaux de l'envahisseur – et la rebaptisèrent d'après le Duc d'York, James, frère de Charles II.

New York prospéra sous la férule britannique et sa population atteignait déjà les 20 000 habitants dès 1700 : un mélange hétéroclite d'Anglais, de Hollandais, d'Irlandais, de Français, d'Allemands et de Suédois. Les Africains, en majorité des esclaves, y étaient aussi de plus en plus nombreux.

La révolution américaine

Les colons, dont la contribution à l'économie britannique était très significative, commençaient à se sentir lésés. Ils ne disposaient d'aucune représentation politique, alors que de lourdes taxes pesaient sur eux. Puis furent promulguées des lois

Statue de George Washington à l'extérieur du Federal Hall National Memorial, où il prêta serment comme premier président des Etats-Unis.

restrictives, limitant notamment leur liberté commerciale ou leur interdisant de s'installer au-delà de certaines zones. En 1775, l'agitation tourna à la révolution avec les batailles de Lexington et de Concord dans le Massachusetts. Le 4 juillet 1776, la Déclaration d'Indépendance fut adoptée.

Jusqu'à la fin de la guerre, New York servit de base principale pour l'armée et la marine britanniques. Avec la poursuite de la guerre, les conditions de vie devinrent extrêmement difficiles. La famine et les maladies se propagèrent parmi la population, gonflée maintenant par l'afflux de troupes, prisonniers et réfugiés, jusqu'à comprendre 30 000 personnes. Les Britanniques devaient occuper la ville jusqu'à la fin des hostilités en 1783.

Le général George Washington revint en vainqueur à New York, où il fit ses adieux à son état-major au cours d'un dîner à Fraunces Tavern, sur Pearl Street, le 4 décembre 1783. Washington fut le candidat naturel au poste de premier président de cette nouvelle nation. La ville de New York devint même sa nouvelle capitale, quoique pour une année seulement.

La ville s'étend

Avec le retour de la paix, New York connut à nouveau la prospérité. En 1800, la population atteignait 60 000 âmes, en majorité entassées dans un labyrinthe de rues exiguës et insalubres, à la pointe Sud de l'île de Manhattan.

Le projet de quadrillage des rues devant couvrir la totalité de l'île, vit le jour en 1811.

Un mélange d'architecture moderne et ancienne.

Son aménagement commença en direction du Nord. L'ouverture du canal Erie en 1825, long de 582 km, entre Buffalo et Albany, allait fournir un élan majeur au développement de la ville. Cette voie navigable ouvrait une route commerciale vers les grandes plaines du Middle West en pleine émergence. Avec le développement des voies ferrées, New York devint le premier port de mer de la nation et le principal point d'entrée des immigrants d'Outre-Atlantique.

La ville commença à croître en hauteur vers la fin des années 1800, avec l'introduction de techniques de construction en acier et le développement de l'ascenseur. L'un des premiers gratte-ciel de New York, le Flatiron Building, fut inauguré en 1902. En 1913, le Woolworth Building, avec ses 60 étages, fut proclamé le plus haut bâtiment du monde. Aujourd'hui, il fait figure de nain, comparé aux 110 étages du World Trade Center inauguré en 1970.

L'immigration : "les masses entassées".

Du temps où la majorité des immigrants voyageait en bateau, deux points de repère accueillaient les arrivants à New York. Le premier était la monumentale Statue de la Liberté, proclamant : "donnez-moi vos foules de miséreux épuisés, vos masses entassées qui aspirent à la liberté". Le second était Ellis Island, point de passage obligé des immigrants en puissance : là les attendait une série de visites médicales, contrôles de documents officiels et entretiens.

A gauche : le curieux bâtiment du Flatiron fut l'un des premiers gratte-ciel de New York.

La Statue de la Liberté souhaitait la bienvenue aux immigrants dans leur nouvelle patrie.

Entre 1892 et 1954, environ 17 millions de nouveaux Américains furent passés au crible d'Ellis Island avant de pouvoir entamer une nouvelle vie dans le pays de leurs rêves. Beaucoup s'installèrent à quelques kilomètres seulement de l'île, au sein d'une des nombreuses communautés ethniques de la ville. Les premiers grands groupes européens furent constitués d'Irlandais et d'Allemands. Chassés par la grande famine de la pomme de terre de 1846, puis par d'autres catastrophes ultérieures, les Irlandais arrivèrent en si grand nombre qu'ils formèrent bientôt le quart de la population de la ville.

La décennie suivante vit l'arrivée par milliers

Le Musée d'Ellis Island, sur l'îlot juste au Nord de la Statue de la Liberté.

d'Européens de l'Est : Lituaniens, Polonais, Roumains, Russes et Ukrainiens, dont beaucoup de Juifs. Les années 1870 marquèrent le début d'une vague massive d'Italiens du Sud. Hélas, bien souvent, la vie de ghetto que ces immigrants croyaient avoir laissé derrière eux les attendait à nouveau dans les logements sordides et les ateliers du Lower East Side.

Le quartier plein d'effervescence de Chinatown doit son existence à l'installation de nombreux Chinois ayant travaillé sur les chantiers ferroviaires de l'Ouest américain.

La population de Chinatown compte aujourd'hui environ 150 000 personnes.

Les descendants des premiers immigrants sont aujourd'hui dispersés dans la zone métropolitaine élargie de New York, mais certains quartiers ont gardé une prédominance ethnique prononcée. Depuis la Seconde Guerre mondiale, la proportion d'Hispano-Américains et d'Afro-Américains s'est très sensiblement accrue.

"Little Italy" (la petite Italie), l'une des nombreuses concentrations ethniques de New York.

POPULATION ET CULTURE

La ville de New York a souvent été qualifiée de "melting pot", où chaque vague d'immigrants convoitait une place sous le soleil de l'Amérique, le pays de l'homme libre. Bien entendu, la volonté d'assimilation a conduit à une certaine érosion des distinctions ethniques. Mais beaucoup d'immigrants s'installant à New York ont apporté avec eux leur propre culture et préservé leurs coutumes, tout en se soumettant à la métamorphose qui a fait d'eux des Américains. Ces personnes vivaient au milieu de leur propre communauté ethnique et parlaient leur langue maternelle. Elles célébraient leur culte dans des chapelles, synagogues, mosquées et temples semblables à ceux du vieux pays et célébraient les fêtes d'après le calendrier de leur pays d'origine.

Aujourd'hui, la meilleure façon de décrire New York est peut être de parler d'une mosaïque ou d'un patchwork composé de nombreuses pièces distinctes s'imbriquant les unes dans les autres. Le motif change avec le départ d'un groupe et l'arrivée d'un autre. Les premiers colons – Hollandais et Britanniques – se sont entre-temps disséminés un

Vendeur de journaux dans Chinatown.

peu partout, et les descendants des premiers immigrants ont quelquefois quitté la ville. La présence germanique est encore fort sensible dans le secteur de Yorkville à Manhattan et vous retrouverez de même sans aucune difficulté les Irlandais dans le Bronx et certaines parties du Queens. Little Italy et Chinatown sont des bastions facilement identifiables. Les communautés juives autrefois implantées dans le Lower East Side ont déménagé vers le Bronx, Brooklyn et Queens, et ont été remplacés par les Portoricains. D'autres communautés Afro-Américaines ou des Caraïbes se sont installées dans Harlem, le Bronx, Brooklyn, l'Upper East Side et la partie basse de Washington Heights.

Les rues grouillantes de New York témoignent de la richesse ethnique de la ville.

Le milieu culturel

Le résultat le plus bénéfique du brassage ethnique de New York est la richesse et la diversité de sa vie culturelle. La ville abrite plus de galeries, musées, salles de concerts et théâtres que n'importe quelle autre ville des Etats-Unis. Beaucoup de ses institutions et centres dédiés aux arts du spectacle proviennent de donations de généreux bienfaiteurs, ayant fait preuve de civisme.

On dénombre à peu près 40 salles de spectacles sur Broadway et aux alentours et encore quelque 200 salles hors de Broadway, principalement dans Chelsea et Greenwich Village. L'aire métropolitaine comprend environ 400 salles de cinéma et 125 galeries d'art, sans compter les institutions mondialement connues.

L'influence du courant new-yorkais dans les arts, l'architecture, la danse, le théâtre, les films, la littérature et la musique – et tout particulièrement les

Les panneaux publicitaires affichent quelques-uns des multiples spectacles de New York.

thèmes musicaux des grands spectacles de
Broadway – continue de dominer la scène culturelle
américaine et mondiale.

L'éducation à New York est un objectif prioritaire.
La municipalité gère le système éducatif public
jusqu'au niveau universitaire. Pendant plus d'un
siècle, les résidents de New York n'ont même pas eu
à payer de frais de scolarité à l'université. C'est
seulement en 1976, lorsque la ville se retrouva à
deux doigts de la faillite, que des droits d'inscription
ont commencé à être prélevés. Environ 175 000
étudiants sont inscrits dans les diverses facultés de
l'Université de la ville de New York (New York City
University), réparties dans les cinq arrondissements.

La bibliothèque de New York (New York City
Public Library), sur la 5ᵉ avenue, s'enorgueillit de
contenir plus de 5 millions de volumes et 12 millions
de manuscrits. C'est aussi l'une des bibliothèques de
recherche les mieux fournies au monde.

*Tout visiteur devrait
inclure à son
programme
un spectacle
à Broadway.*

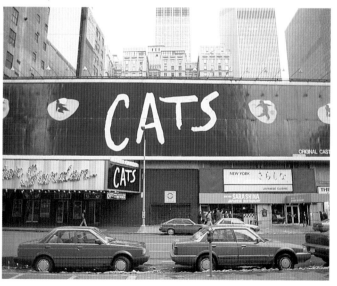

À VOIR ABSOLUMENT

Vous pourrez obtenir des informations sur les visites organisées, les attractions en vogue et des cartes auprès du New York Convention & Visitors Bureau (Syndicat d'initiative de la ville) © 212/484-1222. Voici une liste succincte de lieux qu'une personne visitant la ville pour la première fois devrait voir absolument. Chacun de ces sites sera repris en détail plus loin dans cette section.

American Museum of Natural History★★★ (Musée américain d'Histoire naturelle). Surplombant Central Park entre la 77 et la 81e rue, ce musée célèbre dans le monde entier a fêté son 125e anniversaire en 1995. Ses diverses collections comportent des millions de pièces.

Ellis Island★★. Des centaines de milliers d'immigrants ont foulé le sol américain pour la première fois en débarquant sur cette île. Le Ellis Island Immigration Museum (Musée de l'Immigration) retrace leurs expériences poignantes.

Empire State Building★★★. Situé sur la 5e avenue à la hauteur de la 34e rue, ce bâtiment caractéristique de New York a été construit au début des années 1930. Ses deux observatoires sont ouverts tous les jours jusqu'à minuit.

Museum of Modern Art★★★. (Musée d'art moderne). Située au 11 West 53rd Street, cette collection qui abrite près de 100 000 œuvres est l'une des plus complètes au monde.

Metropolitan Museum of Art★★★ Situé dans Central Park, à l'intersection de la 5e avenue et de la 82e rue, ce musée peut vous captiver des journées entières.

Rockefeller Center★★★. C'est à la fois un centre commercial et un ensemble de salles de spectacles et de restaurants délimité d'un côté par les 5e et 6e avenues et de l'autre par les 47e et 52e rues.

Central Park★★★. Au cœur de Manhattan, c'est un refuge paisible après l'effervescence de la ville. Vous y trouverez de nombreuses installations

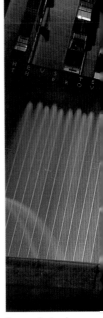

Statue dorée de Prométhée au Rockefeller Center.

récréatives ainsi qu'un zoo, un lac et le château du Belvédère que vous pourrez explorer à loisir.

La **Statue de la Liberté**★★★ accueille toujours ses visiteurs du même geste bienveillant. Offerte par la France et érigée en 1886, elle commémore l'alliance de 1778 entre la France et les Etats-Unis.

Le **United Nations Building**★★★ (Siège des Nations Unies). Sur la 5ᵉ avenue, entre les 42 et 49ᵉ rues, ce bâtiment est caractéristique du 20ᵉ siècle.

Le **World Trade Center**★★ (Centre de commerce international). Vous n'aurez aucune difficulté à repérer ses deux tours jumelles, bâtiments les plus hauts de New York. Ces tours offrent des vues imprenables sur Manhattan et vous pourrez aussi y faire un excellent repas au-dessus des rues animées.

PRÉSENTATION DE NEW YORK

La possibilité d'inclure dans une brève visite de New York un maximum de curiosités peut vous sembler de prime abord irréalisable, mais il existe pourtant quantité d'excursions qui vous feront goûter à "la grosse Pomme", comme on la nomme affectueusement. En fonction de vos centres d'intérêt, de votre énergie et de votre budget, vous pourrez visiter la ville en hélicoptère ou en bateau, en car ou en limousine, ou encore à pied. On vous proposera des visites culturelles pédestres dans le Lower East Side (comprenant également Chinatown et Little Italy), des promenades dans Central Park à bicyclette, des incursions dans Harlem pour goûter au Gospel…

Il peut être déroutant de débarquer dans une grande ville où vous ne connaissez personne et sans savoir par où commencer vos explorations. Si tel est votre cas, New York dispose d'un service digne d'éloges qui pourra vous venir en aide : le **Big Apple Greeter** (l'hospitalité dans la "grosse Pomme") (✆ 212/669-2896). Vos interlocuteurs seront des New-Yorkais enthousiastes qui aiment partager leur ville avec ses visiteurs et leur tendre une main secourable ("We like to make the Big Apple feel smaller" ou comment déguster une si grosse pomme ?). Ils vous expliqueront quels sont les lieux les plus fréquentés et comment utiliser le métro. Ils répondront à toutes vos questions et vous aiguilleraont vers les attractions en vogue et celles moins connues, les jardins et les coins tranquilles. Ce service est gratuit, mais il est préférable de prendre contact 48 heures à l'avance.

Pour les adresses et numéros de téléphone concernant les rubriques qui suivent, consultez le chapitre **Renseignements Pratiques** *en fin de guide.*

En hélicoptère

Island Helicopter Sightseeing vous fera découvrir Manhattan sur un plateau. Le périple couvre tous les

Passagers embarquant sur le ferry qui relie Liberty Island à Manhattan.

sites connus de Manhattan, ainsi que les rivières Hudson et East River.

En bateau

Vous jouirez d'une vue panoramique sur Manhattan en empruntant la **Circle Line**. Cette excursion contourne toute l'île de Manhattan, soit 56 km.

Des croisières vous sont aussi proposées autour de Lower Manhattan et jusqu'à la statue de la liberté ainsi qu'une croisière Harbor Lights (Lumières du port) au crépuscule.

Spirit Cruises offre des croisières quotidiennes avec possibilité de déjeuner ou de dîner à bord, avec spectacle de variétés et orchestre de danse (© 212 / 727-2789).

A pied

Plusieurs options vous sont proposées : les **Shoestring Safaris** (safaris pédestres) d'une heure et demi, qui vous feront découvrir les artistes à SoHo ou Greenwich Village par exemple ; les **Sidewalks of New York** (les trottoirs de New York) qui vous dévoileront certains aspects inusités de la ville. Ces tours se consacrent à la visite des habitations de gens célèbres, des emplacements de crimes ayant défrayé la chronique et des maisons hantées.

Une promenade de deux heures autour de Times Square, gratuite le vendredi, le **Times Square Walking Tour**, vous présentera son architecture, l'histoire de ses troupes de théâtre et ses scandales célèbres. Le point de départ de cette excursion est au Times Square Visitor Center, à l'angle de la 42ᵉ rue et de la 7ᵉ avenue.

Jamais de pénurie de panneaux dans New York.

Visites guidées originales

Avec le tour "**We ate New York**" (On a mangé New York) vous attend une entrée privilégiée dans les restaurants. Les participants peuvent rencontrer le personnel, goûter à la haute gastronomie et se faire communiquer quelques "trucs" par des chefs de premier rang. Certaines visites comprennent la démonstration de recettes de cuisine (le repas est inclus dans le prix).

Le tour du Rock and Roll en autocar, le **Rock and Roll Bus Tour**, d'une durée de deux heures et demi, vous conduira aux studios où Elvis enregistra jadis son célèbre 45 tours, *Hound dog*, et aux anciennes résidences de super-vedettes comme John Lennon, Madonna ou Bob Dylan. Les commentaires sont pimentés par des ragots du Show Biz.

Certains bâtiments et grands ensembles proposent également des visites guidées. L'une des plus recommandées est la visite d'une heure dans les coulisses du **Lincoln Center**. Une visite de la chaîne de télévision **NBC** (National Broadcasting Company) a lieu toutes les 15 minutes, de 9 h 30 à 16 h 30. Elle inclut quelquefois le plateau de certaines émissions de télévision. Les enfants de moins de six ans ne sont pas admis. **Radio City Music Hall**, au 1260 de la 6ᵉ avenue, offre une visite très prisée d'environ une heure, au cours de laquelle les participants peuvent rencontrer l'une des choristes des célèbres Rockettes.

PROMENADES DANS MANHATTAN

La meilleure façon de connaître New York est de l'explorer à pied. Les trois suggestions de promenades que voici vous donneront un avant-goût de Manhattan. Deux heures peuvent vous suffire pour chacune d'entre elles.

Greenwich Village★★

La "rive gauche" de New York, le Village, est un amalgame original de rues étroites, de petites boutiques, de terrasses de café et de bars à la fois intimes et bruyants. Pour vous y rendre, prenez les lignes de métro 1 ou 9 jusqu'à Christopher Street/Sheridan Square. En sortant, prenez Christopher Street en direction de l'Ouest jusqu'à Bleecker Street. Christopher Street, qui foisonne de bars "gays" (où les clients hétéros sont néanmoins bien accueillis), fut le théâtre d'émeutes en 1969 à la suite d'une opération de police au Stonewall Inn,

Caliente Corner, un des nombreux cafés de Greenwich Village.

situé au n° 51 de la même rue. Cet épisode marqua la naissance du Mouvement pour la libération des homosexuels.

Tournez maintenant à gauche dans Bleecker Street, à l'atmosphère italienne bien typique, traversez la 7ᵉ avenue et continuez vers la 6ᵉ avenue. C'est là, dans l'église de Notre Dame de Pompéi, que mère Cabrini, la première sainte américaine, pratiquait ses dévotions.

Au coin de Bleecker et MacDougal Streets se trouvent deux cafés dont la célébrité remonte à l'époque des Beatniks : le **Café Borgia**, antérieurement nommé The Scene, et **Le Figaro Café,** lieu de prédilection de Jack Kerouac.

En continuant vers le Nord dans Bleecker Street, vous dépasserez le théâtre **Provincetown Playhouse**, qui vit les premières représentations des pièces d'Eugene O'Neill. MacDougal Street aboutit au Sud-Ouest de **Washington Square★★**, le cœur même de Greenwich, et le foyer, à des périodes différentes, des écrivains Henry James, John Dos Passos, Theodore Dreiser et O. Henry.

Beaucoup de bâtiments autour de Washington Square appartiennent à l'université de New York (**New York University**). Tous les ans, au mois de mai, juin et septembre, des centaines d'artistes exposent leurs œuvres dans le cadre du **Washington Square Outdoor Art Exhibit** (exposition d'œuvres d'art en plein air). The Row, pâté de maisons de style fédéral, règne sur une place ombragée fréquentée par des patineurs, joueurs d'échecs et fantaisistes ambulants. **Washington Arch★**, qui commémore le centenaire de l'investiture du premier président des Etats-Unis, marque la lisière Sud de la 5ᵉ avenue.

De la 5ᵉ avenue, tournez à gauche dans West 10th Street. Une peinture murale superbe de John LaFarge décore dans l'église de l'Ascension (**Church of the Ascension**). Continuez jusqu'à la 6ᵉ avenue, d'où Christopher Street vous ramènera à Sheridan Square.

Etal de légumes à Chinatown.

Chinatown★★

Ce quartier de New York fourmillant d'activité, bondé et bruyant, dont le cœur est Mott Street, se développe régulièrement. Ses rues transversales valent la peine d'être explorées. Pour vous y rendre, prenez l'une des lignes 6, J, M, R ou Z du métro jusqu'à Canal Street. En prenant vers l'Est dans cette rue, avec ses boutiques et ses étals de poissons frais et de fruits et légumes exotiques, vous plongerez immédiatement dans l'atmosphère de Chinatown.

Tournez à droite dans le Bowery et marchez jusqu'à Confucius Plaza, reconnaissable à la statue en bronze du sage. Chatham Square est entourée de bâtiments datant de la fin du 18ᵉ siècle et du début du 19ᵉ. Sur le flanc gauche de la place, le cimetière israélite de First Shearith Israel date de 1683.

A l'angle Sud-Ouest de Chatham Square, tournez à droite dans Mott Street. Cette artère grouillante de monde et d'animation regorge de restaurants et de magasins chinois et orientaux. Le temple bouddhiste au n° 64 de la rue existe depuis plus de 80 ans. Les catholiques chinois prient dans la grande église de la

Entrée du New York Stock Exchange.

Transfiguration, (appelée également The Little Church Around the Corner) au coin de Mott Street et de Park Row Street. Si vous continuez vers le Nord dans Mott Street, vous retomberez sur Canal Street.

Le quartier financier★★★

C'est dans la partie Sud de Manhattan que se font et se défont fortunes et réputations. Prenez la ligne 4 ou 5 du métro jusqu'à **Wall Street★★** : ce lieu demeure le centre d'activité financière depuis 1792, lorsqu'un groupe de courtiers se réunit sous un platane et décida d'y fonder l'ancêtre du **New York Stock Exchange★** (la bourse des valeurs de New York). Les choses ont bien changé depuis, comme vous vous en rendrez compte en observant de la galerie des visiteurs, les transactions et les brassages d'affaires qui ont lieu chaque jour.

Portez vos regards à l'Est de Wall Street pour un plan de vue exceptionnel sur **Trinity Church★★**, encadrée de gratte-ciel. Cet édifice était le plus haut de la ville à sa construction en 1846. A mi-chemin dans Wall Street – cette artère fait moins de 550 m de long – tournez dans William Street et continuez jusqu'à Hanover Square, oasis sereine bordée d'arbres et de bancs. C'est là que vécut autrefois Captain Kidd et qu'opérait la Bourse du coton de New York, dans un bâtiment abritant aujourd'hui le célèbre bar **Harry's of Hanover Square**.

Au Sud-Est de cette place, prenez Pearl Street en direction du Sud, vers Broad Street. Vous dépasserez le **Fraunces Tavern Museum★**, de style néo-géorgien. Tout ce pâté de maisons est classé quartier historique. De l'autre côté de la rue, au n° 85 de Broad Street, sur la grand place, vous pourrez observer, derrière un panneau en verre, les fondations de l'auberge du 17ᵉ siècle qui fit office autrefois d'Hôtel de Ville.

Après avoir traversé Broad Street, dirigez-vous vers le Nord et continuez le long de Bridge Street, puis tournez à droite dans State Street. L'ancien

Trinity Church, à l'extrémité Nord de Wall Street.

bureau des Douanes, orné de statues, qui abrite aujourd'hui le **National Museum of the American Indian**★★ (Musée amérindien), fait face à Bowling Green, le premier jardin public de la ville ouvert en 1773.

A partir de State Street, vous pourrez flâner agréablement dans **Battery Park**★, admirer la vue du port de New York et visiter le musée de **Castle Clinton**★, forteresse en brique datant de 1811. C'est là aussi que se trouve le guichet des ferrys pour Ellis Island et la Statue de la Liberté. Continuez dans le parc vers l'Est jusqu'au terminal du Staten Island Ferry et la station de métro South Ferry.

L'aigle de bronze, au centre de l'East Coast Memorial dans Battery Park.

CURIOSITÉS

Il serait impossible de dresser une liste complète de toutes les curiosités qui attendent le visiteur à New York. A sa place, nous avons donc rassemblé une sélection de sites qui vous aidera à composer votre propre itinéraire. Cette description détaillée traite principalement de choses à voir dans Manhattan même ou dans des endroits faciles d'accès à partir de Manhattan. Elle est consacrée aux musées, églises, parcs et zoos et aux sites présentant un intérêt historique. Des sections séparées sont dédiées aux autres arrondissements de New York, ainsi qu'aux zones limitrophes.

Musées

L'**American Craft Museum**★ (Musée de l'Artisanat), au 40 West 53rd Street, est le centre d'expositions de l'artisanat de l'American Craft Council. Il présente les meilleurs travaux du pays en matière de céramique, vannerie, verre, bois, métaux et textile.

L'**American Museum of the Moving Image**★ (Musée de l'Image animée) occupe une partie des anciens locaux des studios de production Astoria, ouverts en 1917, au bout de Steinway avenue, entre les 35ᵉ et 36ᵉ avenues dans le Queens. Ce musée présente des montages retraçant l'histoire du film, de la télévision et de la vidéo et divers souvenirs comme les costumes et les décors de productions marquantes.

L'**American Museum of Natural History**★★★ (Muséum d'Histoire naturelle) à l'Ouest de Central Park, entre les 77ᵉ et 81ᵉ rues, est le plus grand musée du genre dans le monde. Il dispose d'une collection gigantesque de dinosaures et mammouths et d'une reconstitution grandeur nature d'une baleine. Si les dinosaures ont l'air si jeunes, c'est peut-être parce qu'ils ont eu droit à un lifting en 1955. Les salles des dinosaures, où sont exposés les squelettes d'un *Tyrannosaurus Rex* et d'un *Apatosaurus*, sont ce qui se fait de mieux en la matière. L'entière collection de fossiles est en cours de réaménagement pour un coût de 30 millions de $. Elle occupera alors six salles et présentera l'évolution des vertébrés, grâce à sa collection de fossiles la plus complète du monde.

La salle de la biologie et de l'évolution de l'humanité, ouverte en 1993, explore l'héritage de l'homme grâce à la technologie multimédia la plus avancée. Une section sur les météorites, les minéraux et les gemmes fait partie des attractions. Le Naturemax Theater vous emmène explorer le corps humain et l'univers sur un écran haut de 4 étages et large de 18 m – une expérience appréciée tant par les enfants que par les adultes.

Le célèbre **Hayden Planetarium**★★ (fermé jusqu'en l'an 2000) se trouve juste à l'Ouest du Museum d'Histoire naturelle, sur la 81e rue, entre Central Park West et Colombus Avenue. Ses deux amphithéâtres, le Guggenheim Space Theater et le Sky Theater, vous dévoilent des vues stupéfiantes de l'univers et vous convient à un voyage dans les étoiles. Il comprend également des expositions de météorites et autres merveilles de l'espace. Les vendredis et samedis sont organisés des spectacles avec lasers et participation de groupes musicaux de premier plan.

Le **Brooklyn Museum**★★ sur Eastern Parkway est facilement accessible depuis Manhattan. La station de métro Eastern Parkway est située juste à l'entrée du musée. Ses diverses collections comprennent plus d'un million et demi d'objets, allant de l'ancienne Egypte à l'Amérique contemporaine. L'art précolombien, océanique, africain, chinois et japonais y sont aussi à l'honneur.

L'exceptionnelle collection égyptienne est l'une des plus belles du monde. Y figurent notamment des antiquités inestimables datant de l'Ancien empire et de la période ptolémaïque, beaucoup plus récente.

L'impressionnante collection de peintures et sculptures européennes et américaines ne compte pas moins de 58 sculptures de Rodin. Des tableaux de Homer, Copley, Sargent et Cassatt, sont aussi exposés.

Le **Children's Museum of Manhattan** (Musée des Enfants), au 212 West 83rd Street, offre de fascinantes expériences pratiques pour les enfants. Ils peuvent manipuler des caméras de télévision, composer des dessins humoristiques, faire tout ce que bon leur semble avec de la peinture et essayer des déguisements.

L'**Ellis Island Immigration Museum** (Musée de l'Immigration) rend hommage aux 17 millions d'âmes qui débarquèrent sur l'îlot entre 1892 et 1954. Au travers de photographies poignantes, de souvenirs, de films et d'enregistrements, vous pourrez mesurer les espoirs et les angoisses de ces flots humains à la recherche d'une vie meilleure dans le Nouveau Monde. Un mur d'honneur de 191 m, semi-circulaire, l'American Immigrant Wall of Honor, porte les noms de près d'un demi-million d'immigrants sur ses deux parois. La visite du musée est gratuite. Des ferrys quittent Battery Park toutes les demi-heures entre 9 h 30 et 16 h 15 du mois de juin à septembre, le reste de l'année, toutes les

Sculpture de Phillip Ratner sur Liberty Island.

Position sur la carte de Ellis et Liberty Islands.

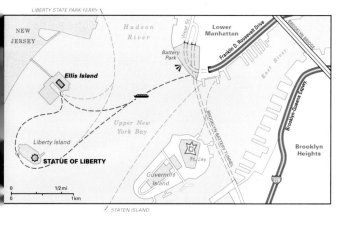

45 minutes (© 212/269-5755). Le billet aller-retour permet également de visiter la statue de la Liberté.

La **Frick Collection★★★**, au 1 East 70th Street, est hébergée dans l'hôtel des Beaux-Arts construit pour Henry Clay Frick. Cette petite merveille abrite de nombreux chefs-d'œuvre, dont des tableaux de Rembrandt, Bellini et El Gréco. Dans le patio en marbre, les visiteurs pourront trouver refuge et se reposer un moment devant son grand bassin.

Le **Solomon R. Guggenheim Museum★★**, sur la 5ᵉ avenue à hauteur de la 88ᵉ rue, a été conçu par Frank Lloyd Wright. Le bâtiment en forme de spirale est lui-même une véritable œuvre d'art. Ouvert en 1959 et agrandi depuis, il expose des œuvres de grands maîtres de l'art moderne comme Chagall, Klee et Picasso.

Le **Jewish Museum★** (Musée du Judaïsme), sur la 5ᵉ avenue à hauteur de la 94ᵉ rue, contient 27 000 pièces venues du monde entier, objets de culte israélites et œuvres d'art diverses, qui en font l'une des plus belles collections de ce genre dans le monde occidental. Une grande partie de la collection provient de synagogues et a pu trouver refuge ici

Vue de l'intérieur du musée Solomon R. Guggenheim.

avant que les nazis ne déferlent sur l'Europe au début de la Seconde Guerre mondiale. Diverses expositions retracent la vie des Juifs au cours de l'histoire, notamment la pauvreté des premiers immigrants dans le Lower East Side et les souffrances endurées pendant l'Holocauste.

Le **Metropolitan Museum of Art★★★**, sur la 5ᵉ avenue à hauteur de la 82ᵉ rue, est à inclure absolument dans votre programme si vous visitez New York.

Remarque : en raison de restrictions budgétaires, les galeries ouvrent à tour de rôle. Téléphonez à l'avance pour vérifier l'ouverture au public des galeries qui vous intéressent (✆ 212/535-7710).

Le "Met", complètement rénové à l'occasion des commémorations de 1995, couvre quatre pâtés de maisons et ses trois étages s'étendent sur 13 ha. Il contient plus de 13 millions d'objets d'art dont à peine le quart sont exposés. Rien de bien étonnant donc que ce soit le plus grand musée d'art du monde occidental. Le Met a ouvert ses portes en 1872. Il a d'abord acquis par donation, en 1877, 143 peintures hollandaises et flamandes. Sa fameuse collection d'antiquités a vu le jour avec une unique pièce romaine, suivie de l'acquisition de 6 000 objets légués par un général américain, ancien consul à Chypre. Aujourd'hui, pour tout voir, il vous faudrait lui consacrer des journées entières. La meilleure façon de s'attaquer au Met est de vous fixer des objectifs en fonction de vos centres d'intérêt. Pour ce faire, demandez un plan des lieux à l'accueil. Puis pensez à porter des chaussures confortables, car 16 ha représentent une longue marche.

Le musée contient des œuvres d'art de toutes les époques, depuis les civilisations antiques jusqu'à l'ère contemporaine, y compris des chefs-d'œuvre connus du monde entier. Les tapisseries, les instruments de musique, les costumes et les objets décoratifs, sont en exposition permanente. Les principales collections du Met sont consacrées à l'art européen, l'art américain, les arts d'Afrique, d'Océanie et des deux

Entrée du Metropolitan Museum of Art.

Amériques, l'art médiéval et les antiquités égyptiennes.

L'**European Gallery** (Galerie européenne) expose des œuvres célèbres de Bruegel, Van Eyck, Van Gogh et Velazquez. L'aile américaine comporte une salle de séjour réalisée par Frank Lloyd Wright, l'architecte qui a dessiné le Guggenheim Museum tout proche. Sur le toit du Met est installé le **Garden of Contemporary Sculpture** (Jardin de la Sculpture contemporaine), ouvert en été. Les **Egyptian Galleries** (Galeries égyptiennes) entraînent le visiteur à travers les milliers d'années de civilisation égyptienne. Un tapis vert entouré d'un revêtement de marbre, évoque le Nil et sa bordure désertique. Une galerie spectaculaire, protégée par un vitrage, abrite le Petit Temple de Dendur, du 1er siècle, don du gouvernement égyptien.

Le billet d'entrée au musée, valable pour la journée, vous donne aussi accès aux **Cloisters**★★★ (les Cloîtres). Ce groupe de bâtiments étonnant, situé dans Fort Tryon Park et dominant la rivière Hudson, s'inspire des monastères européens. Ces cloîtres contiennent la majeure partie des collections médiévales du Met. Ce site est desservi toutes les heures en été par une navette du Met. Vous pouvez aussi y accéder, toute l'année, en empruntant les transports publics.

Le **Museum of the City of New York★★** (Musée municipal), au 1220 de la 5ᵉ avenue à hauteur de la 103ᵉ rue, est une source d'informations précieuses sur la ville. Big Apple (la grosse Pomme), une présentation multimédia de l'histoire de la ville depuis 1524 jusqu'à nos jours, est une attraction très prisée. Vous pouvez aussi y voir des alcôves datant du 17ᵉ siècle jusqu'aux années 1900 environ. Mobilier et décors reflètent l'atmosphère de la ville durant six phases de son développement. Le musée dispose aussi d'une collection de pièces d'orfèvrerie, datant de plus de 300 ans. Ne manquez pas d'admirer la remarquable collection de maisons de poupées.

Vase en forme de magnolia de Tiffany, datant de 1893.

Le **Museum of Modern Art★★★** (MOMA – Musée d'Art moderne), au 11 West 53rd Street, a été salué comme la plus importante collection au monde d'art moderne. Il renferme six étages de peintures, dessins et sculptures mais aussi arts graphiques et industriels, architecture, films, photographies et gravures, représentant tous les grands courants de l'art contemporain.

Le **Museum of Television and Radio★** (Musée de la Télévision et de la Radio), au 25 West 52nd Street, entre les 5ᵉ et 6ᵉ avenues, permet aux visiteurs de consulter n'importe quel enregistrement de son immense fichier, à partir de consoles radio et télévision. Drames, actualités, publicités et documentaires figurent dans ses archives et des représentations spéciales sont organisées dans des salles de projection et de cinéma.

Le **New York Transit Museum** (Musée du Transport), dans Brooklyn Heights à Boerum Place/Schermerhorn Street, est judicieusement installé dans une ancienne station de métro de 1930. On peut y voir des rames restaurées, des objets relatifs au transport et des souvenirs qui couvrent une période de 80 années.

L'**Isamu Noguchi Garden Museum★** (Musée jardin), au 32-37 Vernon Boulevard dans le Queens, présente des sculptures du défunt artiste américain d'origine japonaise. Ses travaux figurent dans le musée et dans le jardin attenant, le **Socrates Sculpture Park**, où ont lieu également des expositions itinérantes.

Le **Queens Museum of Art** (Musée d'art du Queens), dans Flushing Meadow/Corona Park, fut construit pour héberger le pavillon américain lors de la foire internationale de 1939. On peut y voir diverses expositions. Ce musée est aussi connu pour sa maquette, à grande échelle et constamment actualisée, des cinq arrondissements de New York.

Le **Whitney Museum of American Art★★** (Musée d'art américain), implanté aujourd'hui au 945 de Madison Avenue à hauteur de la 75e rue, fut créé en 1931 dans Greenwich Village par le sculpteur Gertrude Vanderbilt Whitney. Sa collection comprend des artistes contemporains majeurs tels que Alexander Calder, Jackson Pollock ou Andy Warhol. Son antenne de Philip Morris, au 120 Park Avenue, abrite une galerie et une cour de sculptures.

Eglises

Les lieux de culte dans la ville de New York ne se comptent pas par centaines mais par milliers. Toutes les confessions sont représentées parmi ses 7,5 millions d'habitants et toutes les religions ont droit de cité.

Les Catholiques romains forment l'une des plus grandes communautés. La majorité de leurs prêtres

*La cathédrale
néo-gothique
de Saint Patrick.*

sont d'origine irlandaise. Les fidèles eux-mêmes
proviennent d'ethnies à ce point diverses que les
offices religieux sont célébrés dans deux douzaines
de langues à travers la ville.

Le Gospel donne souvent de l'exubérance au culte
des communautés afro-américaines. Les visiteurs en
sont si friands que le tour du Gospel fait maintenant
partie intégrante du circuit touristique de Harlem.

Une des plus grandes communautés juives du
monde réside à New York. La moitié des synagogues
de la ville se trouve dans Brooklyn.

Beaucoup d'églises présentent un intérêt historique
ou architectural. **St Patrick**★★, au coin de la
5ᵉ avenue et de la 50ᵉ rue, est l'une des principales
cathédrales de la ville. Cet édifice catholique romain,
de style gothique français, fut consacré en 1879.

St Patrick est ouverte tous les jours de 7 h à 20 h 30 et des visites guidées sont également proposées.

Proclamée comme la plus grande cathédrale du monde de style gothique, la **cathédrale de St John the Divine★★**, située sur la 112e rue à hauteur d'Amsterdam Avenue, est plus longue que deux terrains de football réunis. Elle contient de magnifiques vitraux. Sa construction a débuté en 1892 et subit encore quelques touches finales. Des visites sont offertes tous les jours à 11 h, excepté le lundi, et le samedi à 13 h.

Trinity Church★★ (église de la Trinité) est un havre de calme sur Broadway, dans Wall Street. Avec sa flèche de 85 m, cette église épiscopale construite en 1846 était le bâtiment le plus haut de New York jusqu'à ce que l'avènement des gratte-ciel ne la détrône. C'est la troisième église construite sur ce site et sa charte remonte à 1697.

St Paul's Chapel★★ (Chapelle St Paul), sur Broadway, à hauteur de Fulton Street, érigée en 1766, est la plus vieille église de Manhattan. C'est là que venait prier George Washington lors de sa présidence – le banc qu'il occupait existe encore.

Sites historiques ou d'intérêt général

Carnegie Hall★, au 156 West 57th Street, a ouvert ses portes en 1891. Des artistes aussi divers que Tchaikovsky ou les Beatles y ont attiré les foules et c'est encore l'une des salles de concerts les plus populaires. Le **Chrysler Building★★★**, sur Lexington Avenue à la hauteur de la 42e rue, occupe une place de choix dans le cœur des New-Yorkais. Ce gratte-ciel de style art-déco, avec sa flèche caractéristique en acier inoxydable, abrite des bureaux, mais le public peut flâner librement dans son vestibule et admirer ses murs de marbre africain et ses portes d'ascenseur en bois incrusté.

City Hall★★ (l'Hôtel de Ville), au coin de Broadway et Murray Streets, est le siège de la

Le style Art déco
du Chrysler Building
lui confère une
architecture
bien distinctive.

municipalité de New York depuis 1812. Ce bâtiment élégant, qui héberge aussi un musée et une galerie de portraits, est ouvert tous les jours de semaine.

L'**Empire State Building★★★**, au coin de la 34e rue et de la 5e avenue, a été construit en 1932 dans le style art-déco et devint – avec ses 440 m – le gratte-ciel le plus haut du monde. Aujourd'hui, c'est le troisième des Etats-Unis après le Sears Rœbuck Building de Chicago et les tours jumelles du World Trade Center. Vous bénéficierez de vues exceptionnelles sur la ville à partir de l'observatoire intérieur situé au 112e étage ou de la plate-forme extérieure du 86e étage. **Skyride**, inaugurée en 1995, est aussi une aventure passionnante et palpitante qui vous transportera par simulation sur les lieux marquants de Manhattan, comme Central Park, Times Square et le magasin de jouets de FAO Schwarz. Cette attraction est incluse dans un billet combiné à prix préférentiel, vendu aux visiteurs se rendant au sommet de l'Empire State Building.

Fraunces Tavern Restaurant, au 54 Pearl Street, à hauteur de Broad Street, est l'établissement où George Washington offrit son dîner d'adieu après la Guerre d'indépendance. Aux étages supérieurs, des souvenirs et des documents illustrent le rôle joué par New York durant la guerre et expliquent comment la ville devint le siège du gouvernement fédéral pendant une brève période.

Gracie Mansion★, sur East End Avenue, est la résidence officielle du maire de New York. Le bâtiment, de style fédéral, surplombe l'East River du haut de Carl Schurz Park. Cet hôtel particulier, construit en 1799, fut d'abord la propriété d'un marchand opulent.

Grand Central Terminal★★, au coin de la 43e rue et de Lexington Avenue, est l'une des rares gares du monde classées monument national. Ouverte en 1913, cette construction de style académique englobe une immense salle centrale – 143 m de longueur – avec un plafond voûté haut de 46 m, décoré autrefois par 2 500 étoiles peintes. Des visites guidées

Vue de l'Empire State Building depuis le grand magasin Macy's.

gratuites ont lieu le mercredi à l'heure du déjeuner, devant la Chemical Bank dans le hall central.

Intrepid Sea-Air-Space Museum (Musée de la Mer, de l'Air et de l'Espace) est amarré sur l'Hudson River, au dock 86 situé 86 West 46th Street. Le porte-avions *Intrepid*, long de 277 m, sert de vitrine technologique aux réalisations aériennes, navales et aérospatiales.

Le **Lincoln Center for the Performing Arts**★★ (Centre des arts du spectacle), sur Broadway, entre les 62e et les 66e rues, comprend un ensemble considérable de bâtiments dont les trois principaux sont regroupés autour d'une fontaine sur une grande place.

Le **Metropolitan Opera House**, le plus en retrait, est le clou de ce groupe avec sa façade vitrée. L'attention du visiteur est immédiatement captée par de grandes peintures murales de Chagall, visibles de l'extérieur. C'est ici qu'ont lieu de gigantesques représentations sur une scène grande comme deux terrains de football. On y trouve aussi six salles et auditoriums où se produisent l'orchestre du

La gare de Grand Central aux heures de pointe.

New York Philharmonic, la troupe du New York City Opera et la compagnie du New York City Ballet et qui peuvent accueillir 13 666 spectateurs. Le complexe abrite en outre une bibliothèque de la musique et le Museum of the Performing Arts (Musée des Arts du spectacle), ainsi que le célèbre conservatoire Julliard School of Music.

Madison Square Garden occupe la surface au-dessus de la gare de Pennsylvania Station, sur la 7ᵉ avenue entre les 31ᵉ et 33ᵉ rues. C'est, paraît-il, le centre de sports, de divertissements et de conventions le plus grand du monde. Il peut accueillir plus de 20 000 spectateurs. C'est le domicile des basketteurs du New York Knicks et de l'équipe de hockey sur glace des New York Rangers qui y jouent d'octobre à avril. Des matches de boxe internationaux s'y déroulent toute l'année.

Le **New York Stock Exchange★** (Bourse des valeurs de New York), au 20 Broad Street, autorise les visiteurs à observer sa salle des marchés. Quand vous êtes en vacances, il est parfois distrayant de voir les autres travailler et l'activité ici est frénétique.

Lincoln Center à Noël.

Activité fiévreuse au New York Stock Exchange.

Le spectacle est gratuit, il suffit de retirer un billet à l'entrée du bâtiment.

Rockefeller Center★★★, entre les 5ᵉ et 6ᵉ avenues, est un vaste complexe de galeries commerciales, salles de spectacles et restaurants. Demandez un plan des lieux dans le hall du GE Building, le plus haut gratte-ciel du centre avec ses 70 étages, pour la visiter seul ou pour vous repérer en cas de besoin.

Sur la Lower Plaza (parvis inférieur) trône la célèbre statue de Prométhée. On peut y manger dehors l'été, alors que l'hiver l'emplacement est converti en patinoire à glace. Rockefeller Center se flatte d'abriter plus de 30 restaurants dont le Rainbow Room. Un autre endroit prestigieux où déjeuner est le Fashion Café, dont les propriétaires sont le trio de top-models : Naomi Campbell, Elle MacPherson et Claudia Schiffer.

Theodore Roosevelt Birthplace National Historic Site★ (maison natale de Roosevelt – Site historique) est situé au 28 East 20th Street à hauteur de la 5ᵉ avenue. Seul président américain à être né à New York, Theodore Roosevelt a vécu dans cet immeuble de grès brun jusqu'à l'âge de 14 ans.

*Patinage au
Rockefeller Center.*

*Statue d'Atlas au
Rockefeller Center
sur la 5ᵉ avenue.*

53

Restauré aujourd'hui, il contient ses notes personnelles du temps de son mandat et de ses expériences de soldat et de chasseur.

Le **Southeast Seaport Historic District**★★ couvre un périmètre de 11 blocs allant de Fulton Street jusqu'au Brooklyn Bridge. L'entrée principale est au Seaport Visitor Center, 19 Fulton Street. New York a tiré le meilleur parti de ce quartier typique de l'East River, qui fut au début du 19ᵉ siècle un port de mer très actif. Le quartier a été restauré et abrite aujourd'hui des vaisseaux d'autrefois, des boutiques de mode, des artistes ambulants, le **South Street Seaport Museum**★★ (Musée du port) et son attraction principale, le 4-mats *Peking*. Aux quais 15 et 16 sont ancrés quatre autres navires d'antan que l'on peut visiter, parmi lesquels la goélette *Pioneer* construite il y a plus de 100 ans et un ferry à vapeur de 1925. Le *Pioneer* propose des visites du port de deux heures, à la voile.

Le **Staten Island Ferry**★ est l'une des curiosités les plus connues de New York – et la meilleure aubaine de la ville : pour 50 cents seulement, il vous emmène à Staten Island et vous ramène à Battery Park (débarcadère de State Street). Le ferry ne s'arrête pas à la Statue de la Liberté mais vous pourrez l'observer de près et profiter de panoramas exceptionnels sur la ville. Le voyage dure environ 25 mn dans chaque sens.

La **Statue de la Liberté**★★★, récemment nettoyée et restaurée, repose sur un piédestal de près de 27 m de haut. Une plate-forme d'observation au 10ᵉ étage offre des vues spectaculaires sur New York et le port. 168 marches supplémentaires dans un étroit escalier en colimaçon vous mèneront à sa couronne. Le trajet en ferry de Battery Park à la statue prend environ 15 minutes.

United Nations Headquarters★★★ (Siège des Nations Unies), à l'intersection de la 1ᵉ avenue et de la 43ᵉ rue, comprend entre autre le bâtiment de l'Assemblée générale, avec sa salle pouvant accueillir 2 000 personnes. Notez, à votre arrivée, la

Le quai 17 à South Street Seaport.

position du grand pendule dans le hall central des
visiteurs et voyez le chemin qu'il aura parcouru à
votre départ. Des visites guidées ont lieu tous les
jours entre 9 h 15 et 16 h 45 et durent environ
une heure.

Le **Vietnam Veterans Memorial**, situé sur Water
Street dans le quartier financier, est formé par un
mur de granit et de verre de 20 m de hauteur sur
lequel sont gravés des poèmes et extraits de

journaux intimes écrits par des soldats américains
pendant la guerre du Vietnam.

Le **Woolworth Building**★★★ est resté le bâtiment
le plus haut du monde depuis son ouverture en 1913
jusqu'en 1930. Situé
sur Broadway/Park
Row, cet immeuble de
60 étages de style
gothique, surnommé
"la cathédrale du
commerce", est le
siège de la
Woolworth
Corporation. Le hall,
haut de 3 étages, est
une merveille
d'architecture avec sa
voûte en berceau
dominant des parois
en marbre doré et des

*Bâtiment
des Nations Unies.*

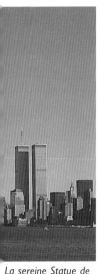

mosaïques en verre. Dans le hall, des bas-reliefs caricaturent Frank Woolworth comptant lui-même sa petite monnaie (sans doute pour symboliser ce fameux magasin), l'architecte portant une maquette du magasin et le préposé à la location vaquant à ses affaires. Les murs rendent aussi hommage à divers personnages ayant participé à la construction du bâtiment.

Le **World Trade Center**★★ (WTC) occupe une superficie de 6,5 ha dans le quartier financier de Manhattan. C'est le nouveau centre d'affaires de la ville où travaillent 50 000 personnes et aussi son point de repère le plus récent : les deux tours jumelles de 110 étages, d'une hauteur de 469,8 m, sont les plus hauts édifices de New York. Magasins et restaurants se trouvent au rez-de-chaussée. Des rangées d'ascenseurs vous propulsent en 58 secondes au 107e étage, où se trouve la plate-forme d'observation du bâtiment 2. Encore un petit voyage jusqu'au 110e étage et vous voilà sur le toit-promenade avec sa vue

La sereine Statue de la Liberté à l'entrée de New York : sans doute l'un des monuments les plus connus dans le monde (ci-dessus).

Le Woolworth Building fut jadis le bâtiment le plus haut du monde (à droite).

spectaculaire sur la ville, à 400 m au-dessus des rues. Au 107ᵉ étage du bâtiment 1, en plus de la vue panoramique, vous attend un excellent repas au restaurant **Windows on the World**.

Le **World Financial Center** se trouve à proximité. Une passerelle fermée relie le WTC au **Winter Garden** (jardin d'hiver), construction de verre et d'acier de 37 m de haut. Quatre tours de hauteur inégale abritent les bureaux de conglomérats financiers internationaux. **Battery Park City★**, un complexe commencé dans les années 60 et qui s'étend toujours, englobe les immeubles de bureaux ainsi que des magasins, restaurants et appartements pouvant loger 30 000 personnes.

Aurore sur les tours jumelles du World Trade Center, les plus hauts bâtiments de New York.

Parcs et zoos

Battery Park★, ainsi nommé pour sa batterie de canons pointant vers la mer, est un parc agréable, agrémenté de statues et de verdure, avec vue sur le port de New York, Staten Island et la Statue de la Liberté. C'est là que se trouve le **Castle Clinton National Monument★**, fort construit au début des annnées 1800 pour protéger la ville contre les Britanniques. Après avoir connu, au fil des années, différentes affectations (transformé en salle de concerts en 1824, puis affecté au tri des immigrants en 1855, avant d'abriter, de 1896 à 1942, le New York Aquarium), le site fut déclaré monument national en 1950. Le fort abrite aujourd'hui un musée qui retrace son histoire. À proximité, un kiosque délivre des billets de ferry pour Ellis Island et la Statue de la Liberté et offre une sélection d'ouvrages sur l'histoire de la ville et de ses immigrants.

Le **Bronx Zoo★★★**, à l'angle de Bronx River Parkway et Fordham Road, est traversé par la rivière Bronx et couvre 107 ha de bois. Dans ce zoo sont rassemblées 700 espèces dans leurs habitats reconstitués, tels que le Jungleworld (Monde de la jungle), the Baboon Reserve (Réserve de babouins), Wild Asia (l'Asie sauvage), African Plains (Plaines africaines) et Wolf Woods (Les bois des loups). Les

Battery Park à l'ombre des gratte-ciel.

créatures nocturnes peuplent le World of Darkness (Le monde de l'obscurité). Vous pourrez observer beaucoup de ces animaux en empruntant le téléphérique Skyfari ou le monorail Bengali Express. Le **zoo pour enfants** abrite plus d'une centaine d'animaux dans leur environnement naturel. Le zoo propose également certaines expositions à caractère pédagogique.

Le **New York Botanical Garden★★** (Jardin botanique du Bronx), se trouve juste en face de Fordham Road sur le Southern Boulevard. Il couvre 101 ha et contient 12 jardins d'extérieur, une immense serre, le **Enid A. Haupt Conservatory★★** (en cours de rénovation) et des sentiers de randonnée. Parmi ses attractions figurent la roseraie (rose garden), la vallée des rhododendrons (rhododendron valley), le jardin de rocaille (rock garden) et 16 ha de forêt vierge.

Le **Brooklyn Botanic Garden★★** (Jardin botanique de Brooklyn), situé sur Washington Avenue, est réputé pour sa vaste roseraie, la floraison de ses cerisiers au printemps et sa récente serre de plantes tropicales et désertiques.

Central Park★★★ occupe 341 ha et s'étale entre les 59ᵉ et 110ᵉ rues. Ce parc a été aménagé par Frederick Law Olmsted et Calvert Vaux, qui ont prévu dans les plans, des routes transversales passant sous l'enchevêtrement des sentiers, pour que le trafic puisse passer sans en troubler la sérénité.

Les travaux dans le parc ont commencé en 1857 et leur exécution a demandé 19 années. Un réaménagement intensif entrepris dans les années 1980 a permis de rétablir dans ses grandes lignes le schéma original du parc. Cet endroit est extrêmement fréquenté tout au long de l'année, mais il est déconseillé de s'y aventurer après la tombée de la nuit. L'été, les visiteurs peuvent y faire des pique-niques, du canotage, de la bicyclette, de l'équitation ou y faire évoluer des cerfs-volants. L'hiver fait

Roseraie au Brooklyn Botanic Garden.

revenir les patineurs et, quand la neige le permet, on peut même y skier ou faire de la luge. Le **Central Park Zoo★**, près de l'entrée de la 64e rue sur la 5e avenue, contient plus de 450 animaux.

Le théâtre de plein air **Delacorte** offre des représentations gratuites de Shakespeare tout l'été. Le **Belvedere Castle** tout proche, réalisé par Vaux, est une reproduction d'un château écossais. **Strawberry Fields**, près de l'entrée de la West 72nd Street, est un jardin à flanc de coteau dédié à la mémoire de John Lennon, assassiné de l'autre côté de l'avenue, devant l'immeuble du Dakota. Les meilleurs emplacements de pique-niques sont le Great Lawn (la grande pelouse) et le Sheep Meadow (pré aux moutons) où l'on pouvait voir paître un troupeau jusqu'en 1934.

Central Park saura charmer tous les visiteurs.

Les samedis d'été, à 11 h, les enfants peuvent écouter des contes devant la statue de Hans Christian Andersen, près du bassin d'évolution des modèles réduits de voiliers (juste au Nord de l'entrée de la East 72nd Street).

Des cartes et divers renseignements sur Central Park vous seront fournis par le Bureau d'information situé dans le **Dairy** (la laiterie) – le lait était réellement traité ici à une époque – entre le zoo et le carrousel.

Flushing Meadow/Corona Park dans le Queens (facilement accessible en métro) est le domicile du **National Tennis Center** où se déroulent les tournois de l'US Open de tennis. Cet endroit a aussi accueilli les foires internationales de 1939 et de 1964 dont il subsiste encore quelques pavillons et autres vestiges. Diverses activités y sont proposées, comme le patinage sur glace, des promenades à bicyclette et un

Le Boathouse Visitor Center dans Prospect Park à Brooklyn. Cet ancien hangar à bateaux, construit en 1905, s'inspire d'une construction vénitienne du 16e siècle.

terrain pour modèles réduits d'avions. On y trouve aussi une ferme destinée aux enfants, un zoo, le New York Hall of Science, le Queens Museum of Art et des salles de spectacles.

Pelham Bay Park dans le Bronx, est le plus grand parc de la ville avec ses 809 ha. Il dispose d'une plage longue de 1,5 km, d'aires de pique-niques et d'installations pour la pratique de l'équitation, du golf, de la bicyclette, de la pêche et du tennis.

Prospect Park★, dans Brooklyn, est la fierté de cet arrondissement. Avec plus de 200 ha, c'est une oasis de tranquillité au cœur de l'agitation urbaine. Dessiné par Olmsted et Vaux, les architectes de Central Park, c'est un endroit idyllique avec de nombreux bois, prairies, lacs et ruisseaux. Grand Army Plaza, à l'entrée du parc, est surplombée par le **Soldiers' and Sailors' Memorial Arch** (Arche commémorative des soldats et marins), réplique de l'Arc de triomphe de Paris, qui rend hommage aux combattants morts pendant la guerre de Sécession.

Van Cortlandt Park, dans le Bronx, offre une grande diversité d'activités de loisirs comme le golf, le canotage et le tennis. Le **Van Cortlandt House Museum★**, situé derrière le *Visitor Center* du parc, est une belle demeure coloniale construite en 1748. George Washington y aurait séjourné avant de faire son entrée triomphale à New York, en novembre 1783.

Reconstitué avec le plus grand soin, le mobilier intérieur reflète le raffinement et l'art de vivre de la petite noblesse new-yorkaise des 18e et 19e s.

AU-DELÀ DE MANHATTAN

La profusion des attractions touristiques dans New York ne se limite pas à Manhattan, mais inclut aussi tous les sites des autres arrondissements.

Nous en avons déjà mentionné certains dans la section consacrée aux musées et aux sites d'intérêt général, et vous trouverez ici un renvoi aux pages correspondantes. Voici maintenant une description du reste de la ville.

Le Queensboro Bridge relie Manhattan aux arrondissements de Queens et Brooklyn sur Long Island.

Le Bronx

Mis à part le **Yankee Stadium★**, nous vous conseillons d'éviter le Sud du Bronx, très éprouvé par la pauvreté.

Bronx Zoo *(p. 58)* **et New York Botanical Garden★★** *(p. 60)*.

City Island. Ce petit bourg à la porte de Manhattan, avec son atmosphère de village de pêcheurs, abrite des constructions de bateaux, un groupement de plaisanciers, un musée de la navigation et des restaurants spécialisés en fruits de mer.

Le **North Wind Undersea Museum** (Musée sous-marin) présente le monde fascinant des plongeurs, comme les sous-marins, les opérations de sauvetage des mammifères ou la récupération de trésors submergés.

Pelham Bay Park *(p. 64)*.

Poe Cottage, à l'angle de East Kingsbridge et de Grand Concourse. Edgar Allan Poe y vécut ses dernières années. C'est là qu'il écrivit *Annabel Lee* ainsi que d'autres poèmes.

Valentine-Varian House. Cette ferme, située au 3266 Bainbridge Avenue à hauteur de la 208e rue, fut construite par un forgeron en 1758 et abrite aujourd'hui le **Museum of Bronx History** (Musée d'histoire du Bronx).

Van Cortlandt Park *(p. 64)*.

Wave Hill. Theodore Roosevelt, Arturo Toscanini et Mark Twain ont tous trois habité dans ce manoir construit en 1843 et situé sur un domaine de 11 ha, au 625 de la West 252nd Street. Excursion d'une journée très populaire chez les New-Yorkais, le domaine comprend des jardins, des serres, des prairies et des bois.

Woodlawn Cemetery. Dernier repos de beaucoup d'Américains célèbres dont Duke Ellington et F.W.Woolworth. Un dépliant disponible au bureau du cimetière vous indiquera où reposent les personnalités.

Yankee Stadium★. Cette immense arène, à l'angle de la 161e rue et de River Avenue, est l'une des premières installations sportives des Etats-Unis et le domicile de l'équipe de baseball, les New York Yankees.

Les ponts de Brooklyn et de Manhattan enjambent l'East River.

Brooklyn

Avec ses nombreuses ethnies, son architecture du 19e siècle et bon nombre de restaurants de qualité, souvent bien moins chers que ceux de Manhattan, Brooklyn mérite d'être visité. Le point d'accès le plus connu est le Brooklyn Bridge avec sa passerelle pour piétons qui surplombe l'East River au-dessus de la section pour véhicules. Les ponts de Williamsburg et de Manhattan relient aussi Brooklyn. On peut également y accéder en automobile par le Brooklyn Battery Tunnel ou en métro.

Atlantic Avenue. Cette artère pleine d'animation abrite la principale communauté issue du Moyen-Orient aux Etats-Unis. Les restaurants y servent couscous et brochettes et les petits magasins d'antiquités séduiront les touristes.

Rangée typique de bâtiments en grès brun dans Brooklyn.

Brooklyn Academy of Music (Conservatoire de Brooklyn). Ce conservatoire, au 30 Lafayette Avenue, est, paraît-il, la plus ancienne institution des arts du spectacle à avoir fonctionné sans interruption, depuis sa fondation en 1859. Le bâtiment contient quatre théâtres et offre des spectacles de danse, d'art dramatique et de musique. Pour la liste des programmes, consultez les journaux locaux.

Brooklyn Heights Historic District★★. Ce lot de 40 blocs, constitué essentiellement de bâtiments du 19ᵉ siècle en grès brun, de style fédéral et néo-classique, a été soigneusement restauré. Ce quartier dominant l'East River, avec ses rues pittoresques et ses vues spectaculaires sur Manhattan du haut de l'esplanade, vaut la peine d'être exploré.

Brooklyn Historical Society. Située sur Pierrepont Street, cette institution comporte un petit musée exposant les prouesses du génie civil qui ont permis la réalisation du Brooklyn Bridge, le ferry à vapeur qu'il a remplacé, l'arsenal maritime et Coney Island.

Brooklyn Botanic Garden★★ *(p. 60)*

Brooklyn Museum★★ *(p. 38)*

Coney Island *(p. 72)*

Lefferts Homestead. Cette ferme de style colonial hollandais, située dans Prospect Park *(p. 64)*, est devenue aujourd'hui un musée exposant du mobilier d'époque.

New York City Transit Museum *(p. 44)*

Plymouth Church of the Pilgrims (église des Pèlerins). Henry Ward Beecher mena sa campagne anti-esclavagiste depuis cette église sans prétention sur Orange Street, dans le quartier historique de Brooklyn Heights. Cet édifice constituait un maillon de la filière clandestine d'évasion des esclaves des États du Sud, avant la guerre de Sécession. Abraham Lincoln et Mark Twain ont figuré parmi les fidèles de cette paroisse.

Prospect Park★ *(p. 64)*

Queens

En visitant le plus grand des arrondissements de New York, vous rencontrerez des gens venus d'horizons ethniques bien différents. Dans Astoria réside la plus grande colonie grecque à l'étranger, Forest Hill abrite le quartier juif russe et Jackson Heights est fière de ses communautés latino-américaines et indiennes. Flushing est aussi connue sous le sobriquet de Little Asia (petite Asie) et Corona Avenue est une enclave italienne. Beaucoup de Noirs pratiquant des professions libérales vivent dans le quartier de Jamaica.

Deux des trois aéroports de la mégalopole new-yorkaise – John F. Kennedy et La Guardia – sont situés dans le Queens.

American Museum of the Moving Image★ *(p. 37)*

Bowne House. Demeure datant de 1661 du quaker John Bowne, qui lutta et obtint de l'occupant hollandais la reconnaissance de la liberté de culte. Cette maison est devenue un musée.

Flushing Meadow/Corona Park *(p. 63)*

Isamu Noguchi Garden Museum★ *(p. 44)*

Jamaica Arts Center. Immeuble de style "italianisant", datant de 1898, situé 161-04 Jamaica Avenue ; il abrite un centre polyethnique des arts plastiques et du spectacle.

Jamaica Bay Wildlife Refuge (Réserve naturelle) abrite environ 300 espèces d'oiseaux et divers spécimens de faune et de flore que vous pourrez admirer au cours de randonnées dans la nature de cette vaste réserve en bord de mer.

Kingsland House. Construite autour de 1785 et gérée par la Queens Historical Society. La visite de cette demeure, au 143-35 sur la 37ᵉ rue, est gratuite.

New York Hall of Science. (Musée des sciences). Situé dans Flushing Meadow/Corona Park, cet édifice fut érigé pour la Foire internationale de 1964. À l'extérieur de ce bâtiment saisissant, où sont maintenant exposées des réalisations scientifiques et technologiques, vous pourrez observer la capsule Gemini et autres objets de la conquête de l'espace.

Queens Museum of Art *(p. 44)*

Staten Island

Malgré le développement de quartiers résidentiels depuis l'ouverture en 1964 du pont Verrazano-Narrows, l'intérieur des terres de Staten Island a généralement conservé un caractère pastoral. La meilleure façon d'arriver sur l'île est d'emprunter le ferry de Staten Island.

Alice Austen House. Une collection de photographies exclusives de Staten Island et de ses habitants, prises par Alice Austen, est exposée dans ce cottage dominant le port de New York.

Conference House. Ce manoir en pierre de taille, construit en 1675, au 7455 Hylan Boulevard, fut le théâtre des négociations infructueuses qui ont eu lieu au début de la Guerre d'indépendance entre Benjamin Franklin, John Adams et l'amiral britannique Lord Howe.

Historic Richmond Town★. Prévoyez plusieurs heures pour la visite de ce village historique composé de 29 bâtiments restaurés. Voorlezer's House, construite en 1695 sous l'administration britannique, est la plus ancienne école primaire qui subsiste dans le pays. Le musée, siège de la Staten Island Historical Society, retrace trois siècles de la vie de l'île. Des guides en costumes d'époque conversent avec les visiteurs, tandis que d'autres reconstituent des activités ou font la démonstration de travaux artisanaux traditionnels. Des manifestations spéciales sont organisées tout au long de l'année. Le site est desservi par des autobus depuis le débarcadère du ferry.

Jacques Marchais Center of Tibetan Art★ (Musée d'art tibétain). Une remarquable collection d'œuvres artistiques et d'objets tibétains est exposée dans cette reconstitution de temple bouddhiste, au 338 Lighthouse Avenue. Des moines revêtus de robe safran y organisent occasionnellement des festivals.

Snug Harbor Cultural Center. Près d'une trentaine de bâtiments, couvrant diverses périodes de l'architecture américaine, sont répartis sur ce parc de 33 ha, au 1000 Richmond Terrace. Ce groupe de bâtiments majestueux, constituant jadis un hôpital et une maison de retraite pour marins, a été converti en 1976 en centre culturel municipal.

Des spectacles d'opéra, de musique classique et de jazz, y sont donnés régulièrement ainsi que des expositions de peinture, de sculpture et de photographie.

William T. Davis Wildlife Refuge (Réserve naturelle). On peut observer un large éventail de mammifères, oiseaux et reptiles et une flore

abondante dans ce biotope diversifié de 105 ha :
marais soumis aux influences marines, prairies, bois
et marécages d'eau douce.

SORTIES FAMILIALES

New York présente de nombreuses possibilités de
sorties familiales. En voici quelques unes :
American Museum of Natural History★★★
(Musée d'histoire naturelle) *(p. 26, 37)*.
Bronx Zoo★★★ *(p. 58)*.
Central Park★★★ *(p. 60)*
Children's Museum of Manhattan (Musée des
enfants) *(p. 39)*
Coney Island, à Brooklyn, est souvent oublié,
mais on y trouve nombre de distractions amusantes :
Astroland est un parc d'attractions dont la fierté est
le Cyclone (des montagnes russes à vous couper le
souffle) ; le **New York Aquarium★★** abrite des
milliers de poissons exotiques et présente des
spectacles d'otaries, de dauphins et de belugas.
Le **Discovery Center** *(Voir Brooklyn Botanic Garden
p. 60)*
The Enchanted Forest (La Forêt enchantée), au
85 rue Mercer à SoHo, est une boutique à thèmes
proposant des jouets fabriqués à la main, des travaux
manuels et des livres pour enfants.
FAO Schwarz, 767 5ᵉ avenue au niveau de la 58ᵉ
rue, est un magasin de jouets fondé en 1862. Ce
magasin offre une incroyable sélection de jouets et
de jeux et le personnel est costumé.
Le **Hayden Planetarium** *(p. 38)*
Intrepid Sea-Air-Space Museum (Musée de la
mer, de l'air et de l'espace). Quai 86 au niveau de la
West 46ᵉ rue et de la 12ᵉ avenue. C'est un musée
flottant à bord du porte-avions *Intrepid*, qui retrace
l'histoire et la technologie de la guerre sur mer, dans
les airs et dans l'espace.
Roosevelt Island Tramway. C'est une sortie
originale et amusante. Ce tramway traverse l'East
River de Manhattan jusqu'à la cité de Long Island

*Wollman Ice Skating
Rink dans la partie
Sud de Central Park.*

dans le Queens, en passant par-dessus une petite île située au-delà de l'Upper East Side. La station de tramway est à hauteur de la 60e rue et de la 2e avenue. Les voitures rouges du tramway apparaissent dans de nombreux films comme *City Slickers* et *King Kong*.

South Street Seaport Historic District★★ *(p. 54)*

73

EN DEHORS DE LA VILLE

Cela fait parfois du bien de quitter un peu la ville. Si vous avez envie de découvrir les alentours de New York ou de faire une pause, nous vous proposons, ci-après, une sélection de plages – le refuge des New-Yorkais de la fin mai à début septembre – et d'endroits à visiter en dehors de la ville.

Sur la plage

Il est facile d'atteindre une plage en partant de Manhattan. Les plages les plus proches peuvent être rejointes en métro mais sont bondées les week-ends d'été.

La plage de **Coney Island Beach** à Brooklyn, sans doute la plus connue, est devenue célèbre dès les années 1840 et est restée à la mode pendant des décennies. Elle est cependant en déclin depuis les années 1950. Les montagnes russes et les manèges ont un air fatigué, les stands et les attractions sont un peu miteux ; néanmoins les 4,8 km de plage et la promenade sur les planches sont toujours agréables et les vendeurs ambulants proposent d'alléchants hot-dogs.

La **Brighton Beach** se trouve sur le même côté que Coney Island, mais à cause de l'ensablement, l'île est maintenant en fait une péninsule. Les 30 000 Russes qui ont commencé à arriver dans les années 1970 au moment du réchauffement des relations entre les Etats-Unis et l'URSS, l'ont transformée. Vous pouvez y acheter des poupées russes, y boire de la vodka, manger des blinis au son des balalaïkas et de l'accordéon. Les New-Yorkais appellent la plage de Brighton "la petite Odessa".

Autre plage accessible en métro : **Rockaway Beach★**, dans le Queens. Plus de 11 km de sable et de vagues occupent l'étroite langue de terre entre l'océan Atlantique et Jamaica bay.

Au-delà de la lisière Est de la ville de New York, **Long Island★★** offre des kilomètres d'excellent sable avec promenades, sentiers, restaurants, aires de

La plage de Coney Island avec son fameux Astroland et ses montagnes russes Cyclone dans le fond.

pique-nique et autres aménagements. De nombreuses plages, y compris **Long Beach** et **Jones Beach State Park★★**, peuvent être rejointes en train. Les départs sont réguliers depuis Penn Station à Manhattan.

Située dans un parc de 1 000 ha, Jones Beach est fière de ses 10 km de sable et de ses 3 km de jetées. Les équipements comprennent une piscine et un terrain de golf. Les concerts en plein air sont très prisés en été.

Quelques-unes des plages de Long Island sont réservées aux résidents, mais la plupart – dont dix situées dans des parcs régionaux – sont accessibles à tous. Des droits d'entrée sont perçus en été.

Une des plages les plus célèbres de New York est celle de **Fire Island**. Elle inclut les 566 ha du **National Seashore★** (Littoral national) et mesure 51 km de long ; sa largeur varie de 183 m à 800 m. Les voitures sont interdites. On peut se rendre sur l'île par ferry. La partie Ouest de l'île a été dénommée **Robert Moses State Park**. Cette section est reliée au reste de Long Island par une chaussée : elle est donc accessible en voiture ; un service de

Le phare de Montauk Point, à Long Island.

bus fonctionne pendant l'été au départ du Port Authority Terminal (départ tôt le matin, retour en fin d'après-midi). C'est une plage de dunes, pratiquement sans ombre, mais agréable et propre. Les dunes offrent un refuge aux oiseaux de mer et au gibier d'eau.

Hors de la ville

La grande banlieue offre de nombreux endroits où vous pouvez passer deux ou trois jours – ou même une seule journée – en dehors de la ville. Il existe de bonnes liaisons ferroviaires ou en bus vers Long

Island et le Connecticut et au Nord, la ravissante campagne de la vallée de l'Hudson River n'est pas loin.

Si vous voulez aller plus loin, Boston, dans le Massachusetts est seulement à 346 km au Nord, et les chutes du Niagara, pourtant à 724 km par la route, ne sont qu'à une heure de vol.

Long Island★★

Située aux abords de la ville à l'Est, Long Island a toujours été, pour les New-Yorkais, un havre très populaire. En vérité, beaucoup de ceux qui travaillent en ville prennent le train de l'île, qui dispose d'excellentes connections ferroviaires avec la gare de Penn. La distance du centre de Manhattan à la frontière de Long Island n'est que de 24 km et Montauk, à l'extrémité de l'île, n'est que 190 km plus loin, soit un trajet de trois heures environ. Entre ses rives sablonneuses, l'île renferme des paysages campagnards et des villages pittoresques dont beaucoup datent du milieu du 17ᵉ siècle.

A sa pointe orientale, l'île se divise entre North Fork et South Fork, toutes deux desservies par le rail. North Fork est moins peuplée et ses paysages sont plus sauvages. A **Orient Point** se trouve un parc régional (**state park**) où là aussi, vous pouvez prendre un car-ferry pour New London, dans le Connecticut. South Fork abrite les **Hamptons**, trois petites communautés huppées et résidentielles, ainsi que Amagansett et un ancien port baleinier, Sag Harbor.

Long Island offre de nombreuses possibilités à ceux qui aiment les activités de plein air. De Montauk, à la pointe Est de South Fork, vous pouvez embarquer pour aller observer en pleine mer les baleines ou les phoques dans des **whale-watching cruises**. Vous pouvez également aller voir les phoques à pied ou faire du cheval sur la plage. Les amateurs de sports nautiques pourront s'accorder une sortie en canoë, kayak ou voilier ou encore en planche à voile ou en jet-ski, faire de la plongée sous-marine avec bouteilles ou tuba. Dans tous les ports, vous trouverez des bateaux qui vous emmèneront pêcher en haute mer.

Les mordus d'histoire trouveront des musées sur la pêche à la baleine (**Whaling museums**) à Cold Spring Harbor et Sag Harbor, le **Vanderbilt Museum**★ à Centerport, le musée **Cradle of Aviation** (berceau de l'aviation) à Mitchell Field et à Huntington, le musée du lieu de naissance de Walt Whitman (**birthplace of Walt Whitman**).

A Oyster Bay, vous découvrirez le (**Sagamore Hill National Historical Site**★) maison de campagne restaurée du président Theodore Roosevelt. Elle est classée monument historique national. **Stony Brook**★★, sur la côte Nord, est un village typique de style fédéral des 18ᵉ et 19ᵉ siècles. Sur place, de nombreux autres musées viendront enrichir votre expédition. A **Old Bethpage Restoration Village**★★, vous pourrez voir une communauté agricole telle qu'elle fonctionnait avant la guerre de Sécession. Vingt-cinq bâtiments historiques ont été transportés là. On peut y voir des artisans toujours en activité.

Vous trouverez beaucoup de choses à voir dans Old Bethpage Restoration Village, situé sur Long Island.

Pour avoir un aperçu de la vie durant les années folles, vous pouvez visiter une ou deux de la douzaine de demeures construites sur la Gold Coast (la côte Nord) et ouvertes au public (**Gold Coast Mansions**). Faisant face au détroit de Long Island, ces demeures étaient celles des personnes fabuleusement riches dont F. Scott Fitzgerald a décrit le train de vie dans *Gatsby le Magnifique*.

Hudson River Valley★★★ En remontant l'Hudson vers le Nord, par la route ou le rail ou même sur la rivière grâce aux ferries de la Day Line, vous laisserez très vite New York derrière vous.

Tarrytown se trouve seulement à 32 km de Manhattan. C'est là que Washington Irving trouva l'inspiration pour sa *Legend of Sleepy Hollow*. Le créateur de Rip Van Winkle avait élu domicile dans la toute proche **Sunnyside★**, une charmante propriété au bord de la rivière, maintenant ouverte au public.

Deux autres propriétés sont accessibles au public à Tarrytown : **Lyndhurst★**, de style néo-gothique, offre des vues surprenantes sur l'Hudson et **Philipsburgh Manor and Mill★**, construite au 17ᵉ siècle par des colons hollandais, est aujourd'hui restaurée.

A **Hyde Park**, plus au Nord, juste après Poughkeepsie, se trouve la maison natale de Franklin Roosevelt. Cette demeure est aujourd'hui classée monument historique national. Les expositions retracent la vie de FDR et de sa famille. Lui et sa tout aussi célèbre épouse reposent dans l'ancienne roseraie de Hyde Park. Sur l'autre rive, vers le Sud, se trouve **West Point★★**, siège de la fameuse Académie militaire américaine. L'académie est ouverte au public tous les jours et comporte un bureau d'accueil des visiteurs et un musée.

CLIMAT

Le climat de New York est tempéré, avec quatre saisons distinctes. Les hivers y sont très rigoureux et les étés étouffants. Les meilleures saisons pour visiter New York sont le printemps et l'automne lorsque les températures sont les plus douces. Mais même à ces périodes, il peut y avoir des pluies torrentielles et le taux de pollen dans l'air peut être très élevé d'avril à octobre.

Les journées d'hiver peuvent être magnifiques : le ciel d'un bleu limpide compense le froid glacial. Dès qu'il neige, les New-Yorkais se retrouvent à Central Park pour skier ou faire de la luge, particulièrement sur le Pilgrim Hill dans l'East Side. Il est cependant rare qu'un vrai blizzard souffle sur la ville.

Les températures estivales atteignent souvent et dépassent parfois les 32° C, avec un taux d'humidité élevé, particulièrement en juillet et août.

Neige à Central Park.

PRINCIPALES MANIFESTATIONS

Toutes les raisons sont bonnes à New York pour organiser une parade ou faire la fête et la population possède un talent certain pour monter des spectacles grandioses. Fifth Avenue est *en fête* plusieurs fois par an et des pièces de Shakespeare et des concerts gratuits ont lieu pendant l'été.

Janvier-février

Fin janvier a lieu le **Chinese New Year** (le nouvel an chinois) : la date précise varie, mais il est célébré à la pleine lune suivant le 19 janvier, avec une parade et des feux d'artifice dans Chinatown.

Début février, **Empire State Building Run Up** (grimpée de l'Empire State Building) : une course jusqu'au 86ᵉ étage pour ceux qui ont envie de prouver leur forme physique.

Tout le mois de février, **Black History Month** (le mois de l'histoire des Noirs) : l'héritage des Afro-Américains est célébré dans différentes parties de la ville.

Mars-avril

17 mars, **St Patrick's Day Parade** (parade de la St Patrick) : la 5ᵉ avenue se voit décorée d'une bande verte sur toute sa longueur pour ce festival irlandais monstre qui enthousiasme toute la ville, les Irlandais comme les autres.

Fin mars – début avril, **Easter Parade** (parade du dimanche de Pâques) : les New-Yorkais se promènent et paradent dans leurs atours de printemps le dimanche de Pâques sur la 5ᵉ avenue entre la 44ᵉ et la 59ᵉ rue.

Mai-juin

Mi-mai, **Martin Luther King Jr Day Parade** : le défenseur des droits civiques est célébré par une marche dans la 5ᵉ avenue, depuis la 44ᵉ à la 86ᵉ rue.

Fin mai (un dimanche), **AIDS Walk New York** (Marche du Sida) : environ 30 000 personnes suivent un parcours de 10 km partant de la grande pelouse de Central Park pour rassembler des fonds pour les victimes du virus du sida.

Mai-juin, **Washington Square Outdoor Art Exhibit** (exposition d'art en plein air) : cinq jours de foire à Greenwich, où les œuvres de quelque 300 artistes sont exposées pour la vente.

1er dimanche de juin, **Puerto Rican Day Parade** : la 5e avenue se remplit de fanfares et de chars.

Mi-juin, **Festival of St Anthony of Padua** (festival de St Antoine de Padoue) : se tient à Little Italy et dure presque deux semaines.

Fin juin, **Gay Pride March** (la marche des homosexuels) : de Columbus Circle jusqu'à Greenwich Village.

Juillet-août

Juillet, **Independence Day :** les grands magasins Macy sponsorisent un grand feu d'artifice sur l'Hudson River. Célébrations dans tous les quartiers.

Juillet-août, **Free New York Philharmonic concerts** (concerts gratuits du Philarmonic de New York) : dans Central Park et d'autres grands parcs.

Juillet-août, **Shakespeare in the Park** : l'entrée aux spectacles de Central Park est gratuite sur le principe : "premier arrivé, premier servi". Il faut donc arriver très tôt pour obtenir une place et attendre une bonne partie de la journée (juste devant l'entrée du théâtre se trouve un espace entouré d'arbres, idéal pour pique-niquer et passer le temps).

Début mi-août, **Harlem Week** : diverses manifestations dans le cadre du Festival afro-américain et hispanique.

Septembre-octobre

1er lundi de septembre, **Labor day** : carnaval à Brooklyn, avec musique des Caraïbes.

Mi-septembre, **Feast of St Gennaro** : 11 jours de célébrations dans Little Italy.

Septembre-octobre, **New York Film Festival** : pendant trois semaines au Lincoln Center.

2ᵉ lundi d'octobre, **Columbus Day Parade** : ur la 5ᵉ avenue.

31 octobre, **Holloween Parade** (parade de a veille de la Toussaint) : dans Greenwich Village, sur Broadway, de Spring Street à Jnion Square.

Les fêtes de l'Indépendance sont toujours colorées et animées.

Le Rockefeller Center célèbre Noël en grande pompe.

Novembre-décembre

1ᵉʳ dimanche de novembre, **New York City Marathon** (Marathon de la ville de New York) : 20 000 coureurs au départ de Staten Island jusqu'au restaurant Tavern on the Green à Central Park, dans le West Side.

4ᵉ jeudi de novembre, **Macy's Thanksgiving Day Parade**.

Début décembre, **Lighting of Christmas Tree** (illumination de l'arbre de Noël) : au Rockefeller Center.

31 décembre, **New Year's Eve** : compte à rebours de la St Sylvestre à Times Square.

RESTAURATION

La ville de New York est réputée pour le nombre de ses restaurants – plus de 17 000 – et l'extrême variété de sa cuisine. Les New-Yorkais sont exigeants et ces établissements doivent faire de grands efforts pour se forger une réputation et la maintenir. Pour la première fois depuis le début des années 1980, le coût moyen d'un repas a chuté sous la barre des 30 $. Vous pourrez faire un repas consistant pour moins cher que cela ou, évidemment, beaucoup plus.

Beaucoup de New-Yorkais mangent à l'extérieur plusieurs fois par semaine et choisissent leur restaurant non seulement en fonction de la qualité de sa cuisine mais aussi pour le génie créatif du chef, la grandeur ou le surréalisme du cadre et la célérité et le professionnalisme du service. Les établissements les plus modestes (cafétérias, grills-rooms, steakhouses et noodle shops (restaurants avec spécialités de pâtes chinoises)) vous accueilleront dans une ambiance détendue et vous offriront un service rapide et cordial.

Vous pourrez, à la manière new-yorkaise, associer un repas agréable avec un sport toujours d'actualité : l'observation des passants. Beaucoup de restaurants, bars et cafés disposent de terrasses vitrées et les cafés en terrasse prolifèrent l'été. Ce phénomène se produit un peu partout dans la ville, depuis les petits

e café en plein air
u Rockefeller Center.

recoins effacés jusqu'aux lieux en vogue, comme par exemple Nadine's dans Greenwich Village, où des artistes connus comme Michelle Pfeiffer, Martina Navratilova ou Robert de Niro font souvent une apparition.

Robert de Niro est l'un des copropriétaires de Planet Hollywood, au 140 de la West 57th Street : c'est le palais des souvenirs du cinéma, où l'on vous proposera un vaste choix de plats américains traditionnels et nourrissants à un prix raisonnable.

Les restaurants à thème, comme le Hard Rock Cafe, au 221 de la West 57th Street, mettent plus l'accent sur le bruit de fond que sur la nourriture, mais tout cela fait partie du cadre.

Si vous voulez goûter à la cuisine de contrées éloignées, New York est l'endroit qu'il vous faut. Vous y trouverez les plats authentiques de toutes les communautés ethniques qui se sont installées aux Etats-Unis. Les cuisines populaires du monde entier

New York est la capitale mondiale de la restauration rapide.

Le Hard Rock Cafe est l'endroit idéal où manger et boire pour le mélomane.

y sont représentées et même un vaste choix de spécialités culinaires afghanes, birmanes, tibétaines, vietnamiennes et autres. La cuisine chinoise ne se confine pas à Chinatown, mais c'est là qu'il faut en faire l'expérience. Vous pourrez assouvir votre faim avec les copieuses soupes de **Mee Noodle Shops**, sur les 1re, 2e et 9e avenues. Pour ce qui est de la cuisine italienne, on compte environ 350 restaurants sur l'ensemble des arrondissements de la ville, à tous les prix.

Dans le quartier des spectacles (à partir de la West 40th Street), vous avez plus de 70 options pour vous restaurer avant, après, ou durant le spectacle.

À certains endroits, vous pourrez même apercevoir des acteurs pendant l'entracte.

Restauration rapide

Un casse-croûte sur le pouce doit d'abord être savoureux et à un prix raisonnable. Vous voudrez parfois le manger là où vous l'avez acheté ou préférerez le rapporter à votre hôtel ou encore vous asseoir dans Central Park ou sur les marches de la bibliothèque de la 5ᵉ avenue pour le consommer. Les New-Yorkais ont fait de la restauration rapide un art à part entière. Cette appellation comprend une étonnante variété de plats. La forme la plus répandue est le **pizza parlor** (pizzeria), où l'on vous servira au choix un seul morceau ou une grosse "garbage pie" (assortiment avec toutes les variantes imaginables) à emporter. Beaucoup d'endroits prétendent vous servir la pizza "d'origine" ou "la meilleure de la ville" et il est vrai que chacun d'eux a ses partisans qui viendront souvent de bien loin pour une portion de leur pizza préférée.

Les **restaurants à hamburger** sont eux aussi fort nombreux. Le burger de votre choix vous sera servi, en un rien de temps, avec des frites, une sélection de garnitures et une boisson. Les **bars à bagels** (petits pains en couronne) ont surgi un peu partout dans la ville. Vous choisissez la variété qui vous convient (aux graines de pavot ou de sésame, à l'ail ou à l'oignon) pour le manger tel quel ou rempli de fromage blanc, de saumon fumé, ou d'échalotes et complété, si le cœur vous en dit, par de la salade.

N'oubliez pas, dans vos recherches, les **delicatessens** (traiteurs), où la nature des aliments qu'on y sert est souvent dictée par l'origine du propriétaire. On y trouve généralement des viandes froides et des fromages de bonne qualité et vous déciderez vous-même des quantités voulues. Tous vendent des sandwiches, des barquettes de salade et des viennoiseries. Les "delis" italiens servent des pastas pour lesquelles on donnerait son âme et vous trouverez dans les délis kascher de vrais pickles new-

Vendeur typique de pretzels à New York.

yorkais (spécialités de légumes macérés dans du vinaigre), des viandes spéciales et bien sûr des salades aux olives et des pâtisseries typiques.

Les **coffee shops** (cafétérias) servent rapidement une nourriture savoureuse que vous pourrez ensuite déguster confortablement installés : hamburgers, BLT (sandwich au bacon, laitue et tomate) dont votre bouche aura du mal à faire le tour, sandwiches au fromage toasté, œufs cuits à votre goût (pochés, brouillés ou frits), et de gigantesques salades alléchantes. De la restauration rapide certes, mais succulente.

Au coin des rues, des marchands ambulants vendent des **pretzels** (bretzels) et des rafraîchissements qui viendront à point nommé lors de vos déplacements continuels. Enfin, on ne saurait parler de restauration rapide sans évoquer les **hot dogs**. Ils sont vendus depuis des décennies par des vendeurs ambulants et des restaurants spécialisés.

Pour étancher votre soif

On compte des centaines de bars, pubs et tavernes dans la ville et beaucoup sont fréquentés autant pour leur nourriture de qualité et sans prétention que pour leurs boissons. Au palmarès du circuit touristique figurent **McSorley's Old Ale House**, un bar irlandais de l'East Village datant de 1854, et le **White Horse Tavern**, sur Hudson Street, où le poète gallois Dylan Thomas prit le dernier verre de sa vie.

Le **brewpub** est un phénomène populaire de plus en plus répandu. On y sert, dans un cadre agréable, de la bière brassée par la maison.

Ne pas manquer de s'arrêter devant les vitrines de Tiffany & Co.

SHOPPING

Nous ferons nos emplettes autour de Manhattan, car c'est le borough où l'on trouve le plus grand choix. Peu de magasins ouvrent avant 10 h et certains même, particulièrement à Chelsea et Greenwich Village, pas avant midi. Ainsi prenez le temps de planifier votre itinéraire et de prendre un solide petit déjeuner.

La plupart des touristes, pour qui les achats sont une priorité, filent droit sur la **Fifth avenue**. Tiffany's, Saks, Cartier, Gucci, Elizabeth Arden, y sont tous.

La haute couture à New York avec Christian Dior.

Flânez un moment dans **Trump Tower★** (entre les 56ᵉ et 57ᵉ rues) pour admirer l'élégance de ses boutiques, mises en valeur par les marbres italiens et les cascades. C'est là que Michael Jackson et Lisa Marie Presley ont passé leur lune de miel, dans un appartement de grand standing au sommet de la tour.

Oshkosh B'Gosh – situé 47e rue, propose des vêtements gais et pratiques, en tissus robustes, qui rencontrent le même succès auprès des parents que des enfants. À l'origine, l'entreprise fabriquait des salopettes pour les fermiers et les cheminots. Ce sont des habits presque inusables que l'on se passe volontiers d'un enfant à l'autre dans la famille.

Plus loin sur la 5e avenue, à hauteur de la 38e rue, **Lord and Taylor** se flatte de son service, avec son charme vieille Europe. À l'Est de la 5e avenue, mais dans Uptown cette fois, **Madison Avenue** propose des boutiques spécialisées et des magasins de couture exposant des articles de Givenchy, Yves Saint-Laurent, Sonia Rykiel et beaucoup d'autres.

Toujours à l'Est, **Bloomingdale's**, sur Lexington Avenue entre les 59e et 60e rues, est connu dans le monde entier. Pour beaucoup, c'est le symbole même de New York. On y trouve un grand choix d'articles, notamment des vêtements pour hommes, femmes et enfants. On peut aussi y trouver des importations de

Bloomingdale's est une expérience new-yorkaise inoubliable.

Pas de demi-mesures chez Macy's, et surtout pas quand il s'agit des décorations de Noël.

grands couturiers, comme Valentino, dans des boutiques installées dans ce grand magasin. Des assistants, parlant plus de 35 langues, sont à votre disposition pour vous aider dans vos achats, qui peuvent vous être livrés gracieusement à votre hôtel.

Lower Fifth Avenue, entre les 14e et 23e rues, est devenue un pôle d'attraction pour les achats du fait de ses nombreux grands magasins. Les New-Yorkais continuent à se rendre dans cette section de Chelsea pour faire leurs achats. Le quartier a été récemment rénové et Armani et d'autres grands noms de la mode y ont ouvert boutique.

Macy's occupe un bloc entier au Nord de Chelsea, sur Broadway à hauteur de la 34e rue. C'est "le plus grand magasin du monde", subdivisé en petites boutiques accueillantes. On y trouve quasiment tout.

Juste au Sud de Macy's, au coin de la 33e rue et de la 6e avenue, se trouve l'ancienne A&S Plaza. Le grand magasin A&S a été remplacé depuis par Stern's mais ce centre, connu maintenant sous le nom de **Manhattan Mall**, abrite toujours une centaine de petits magasins. Si vous ne disposez que de peu de temps dans New York, c'est l'endroit idéal où faire vos achats, en raison de sa taille.

Au-delà de la mode

Les rues sinueuses de **Greenwich Village**, avec ses petites boutiques d'antiquités, de jouets et de vêtements originaux, lui confèrent un charme tout particulier. **SoHo★★**, jadis une zone d'entrepôts délabrés, s'est transformée en un centre très fréquenté de magasins d'art et de boutiques de mode.

Les amoureux des livres trouveront leur paradis à New York. Repérez les magasins de la chaîne **Barnes and Noble**. Vous trouverez aussi une pléthore de magasins plus petits, certains spécialisés, de livres neufs ou d'occasion.

Sur Rockefeller Plaza se trouve l'**Electronic Boutique**, réputée pour son rayon informatique et la compétence de son personnel. **Comp USA**, sur la 136 E. 57e rue, possède en stock plus de 5 000 composants informatiques.

Pour des cadeaux inhabituels et attrayants, faites un tour au **New York Exchange for Woman's Work**, où des femmes dans la nécessité peuvent trouver un débouché en fabriquant des jouets, des vêtements pour enfants, et des petits plats. Cette "bourse d'échange" est située au 149 E. 60th St, entre Lexington avenue et la 3e avenue.

Les boutiques de cadeaux et de cartes postales de l'**UNICEF** récoltent des dons pour les enfants de pays déshérités. Vous en trouverez au 3 United Nations Plaza, au coin de la 1re avenue et de la 44e rue, ainsi qu'au UN Building et UN Counter et à l'Université Columbia, 3074 Broadway sur la 122e rue.

Les mordus de la photographie ne devraient pas manquer **B & H Photo** (au 420 de la 9e avenue, © 212/444-6600), un magasin rempli de caméras avec les équipements et gadgets qui vont de pair. Les prix sont concurrentiels et le personnel multilingue est très serviable.

Bien qu'essentiellement destiné aux achats de musiciens professionnels, **Manny's Music**, au 156 de la West 48th Street, à hauteur de la 7e avenue (et 1600 Broadway), fondée il y a plus de 60 ans, est un aimant pour tous les passionnés de musique. Sur les murs sont accrochées plus de 3 000 photographies de clients célèbres, dont les Beatles et Jimmy Hendrix et vous vous retrouverez peut-être nez à nez avec un groupe mondialement connu, comme U2.

Une foule de bonnes affaires

Les New-Yorkais sont friands de bonnes affaires et la ville regorge d'endroits où en faire. **Orchard Street★**, dans le Lower East Side, est une cave d'Aladin remplie d'articles de mode à prix réduits.

Certains magasins sont fermés le vendredi après-midi et toute la journée du samedi mais sont en revanche ouverts le dimanche. Vous trouverez des ourrures et articles de marque dans le **Garment District** (quartier de l'habillement) de la 7ᵉ avenue (entre les 20ᵉ et 40ᵉ rues). Repérez les avis de ventes ouvertes au grand public dans les salles d'exposition des fabricants.

Le plus grand choix dans New York de jeans Levi se trouve chez **Canal Jean Co**, au 504 Broadway, entre les rues Broome et Spring, où ils sont vendus avec une remise.

Vous trouverez des lecteurs de CD, des magnétoscopes et divers équipements électroniques, à un prix défiant toute concurrence, dans les succursales de WIZ – un magasin new-yorkais s'il en est un.

La vie nocturne commence quand les achats se terminent.

DISTRACTIONS
ET VIE NOCTURNE

New York, capitale mondiale du divertissement, déroule un kaléidoscope ininterrompu de danses, concerts, opéras, jazz, rock, comédies musicales, films, théâtres, clubs et cabarets. Si ce que vous cherchez n'y figure pas, inutile de le chercher ailleurs.

Les meilleures sources d'informations sur les spectacles en cours sont le *New York Times* (particulièrement l'édition monumentale du vendredi), *New York Magazine*, *The Village Voice*, *Time Out New York* et *Where New York*, que vous trouverez certainement dans votre chambre d'hôtel. Les programmes et le **Broadway Theater Guide** sont distribués gratuitement par le New York Convention and Visitors Bureau (Syndicat d'initiative de New York).

Ballet et danse

Les amateurs de ballet et les aficionados de la danse moderne se sentiront certainement en terre d'accueil à New York, où se produisent tout au long de l'année une douzaine de troupes de premier ordre. Parmi les salles de spectacle renommées, le Lincoln Center for the Performing Arts accueille de nombreuses troupes de théâtre, de danse et de musique. Cette diversité des programmes attire de très nombreux spectateurs.

L'**American Ballet Theater** présente de mai à juillet un répertoire d'œuvres classiques et de ballets contemporains, au Metropolitan Opera House, dans le Lincoln Center. Le New York State Theater, lui aussi au Lincoln Center, héberge le **New York City Ballet**, une compagnie composée de plus d'une centaine de danseurs qui s'y produit de novembre à janvier et d'avril à juin.

Cinq compagnies sont à demeure au **City Center**, 130 de la West 56th Street, qui accueille également des artistes de passage. Ces troupes sont l'Alvin Ailey Dance Theater, les compagnies Paul Taylor, le

Geoffrey Ballet et le Danse Theater of Harlem. En outre, de jeunes artistes de la Merce Cunningham Company montent aussi des œuvres modernes au Merce Cunningham Dance Studio, situé au 55 Bethune Street.

Carnegie Hall est l'une des plus célèbres salles de concerts de New York.

Cabaret

Le cabaret à New York se divise en deux catégories : le haut de gamme, dans Uptown, avec smokings, robes décolletées et cocktails Art déco et le bas de gamme, style Downtown, presque du karaoké, avec participation du public et des solistes accompagnés par des pianistes frénétiques.

L'**Oak Room**, dans l'hôtel Algonquin, au 59 West 44th Street, était fréquenté, du temps de Dorothy Parker, James Thurber et leurs Compagnons de la Table ronde, par l'intelligentsia de New York.

Le **Cotton Club**, une des pierres angulaires du cabaret, est à nouveau ouvert. Implanté à l'origine sur Lennox Avenue dans Harlem, ce club a lancé des artistes comme Cab Calloway, Duke Ellington et Lena Horne. Le spectacle a repris au 666 W. de la 125th Street.

Les touristes à l'affût de célébrités convergent vers **Michael's Pub**, qui combine boîte de nuit et restaurant (au 57 de East 54th Street).

Woody Allen fait parfois une apparition au **Café Carlyle** (Carlyle Hotel, 76th at madison) pour jouer de la clarinette.

On trouve des dizaines de cabarets dans Downtown. Les publications citées à la page 96 vous feront savoir quels spectacles sont actuellement à l'affiche et à quel endroit.

Si vous voulez voir un spectacle de qualité, rendez-vous à Radio City Music Hall.

Clubs et discothèques

C'est New York parallèle – une sous-culture complète de danse et de musique sur scène qui couvre tout l'éventail de la musique populaire. Certains endroits exigent encore veste et cravate, mais la plupart se contentent d'une tenue correcte.

Les propriétaires de clubs choisissent souvent des emplacements singuliers. La palme de l'emplacement le plus saugrenu revient au **Tunnel**, situé au 220 de la 12e avenue, à proximité de la 27e rue. Les locaux de ce club, une gare désaffectée et un tunnel de métro, peuvent contenir 6 000 fêtards.

Concerts et opéra

Les salles les plus connues sont toujours Carnegie Hall et le Lincoln Center (Avery Fisher Hall, the Metropolitan Opera House, New York State Theater), mais vous pourrez entendre de la musique de qualité dans beaucoup d'autres lieux. L'**Amato Opera Theater**, au 319 Bowery, monte des représentations de jeunes acteurs et musiciens talentueux. Sur la **Bargemusic**, amarrée à l'ombre du Brooklyn Bridge au bout du Fulton Ferry Landing, dans Brooklyn

Heights, vous pourrez entendre de la musique de chambre. L'éminente Brooklyn Academy of Music, plus connue par ses initiales **BAM**, coopère parfois avec le Metropolitan Opera sur des opéras novateurs et de nouvelles œuvres. Le **Grace Rainey Rogers Auditorium** présente des auditions de musique classique exécutées par des artistes de renom.

Films et théâtre

On peut, paraît-il, choisir chaque soir à New York entre 200 films. A l'affiche figurent tous les derniers succès d'Hollywood, certains films étrangers en version originale et les classiques indémodables. Pour les programmes, consultez les journaux et les magazines comme *The New Yorker* et *New York Magazine*. Vous pouvez généralement réserver des places en composant le 212/777-FILM – pensez à avoir votre carte de crédit à portée de main lorsque vous téléphonerez.

Théâtres "officiels" de Broadway.

1 American Place Theater (111 W. 46th St, © 840-2960)

2 Barrymore Theater (243 W. 47th St, © 239-6200)

3 Belasco Theater (111 W. 44th St, © 239-6200)

Localisation sur la carte des principaux théâtres officiels de Broadway.

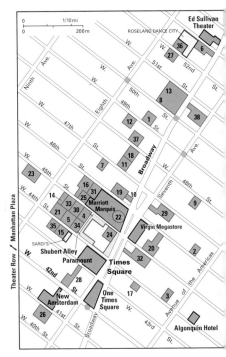

4 Booth Theater
(222 W. 45th St, ✆ 239-6200)
5 Broadhurst Theater
(235 W. 44th St, ✆ 239-6200)
6 Broadway Theater
(1681 Broadway, ✆ 239-6200)
7 Brooks Atkinson Theater
(256 W. 47th St, ✆ 719-4099)
8 Circle in the Square
(1633 Broadway, ✆ 239-6200)
8 Gershwin Theater
(222 W. 51st St, ✆ 586-6510)
9 Cort Theater
(138 W. 48th St, ✆ 239-6200)
10 Eugene O'Neill Theater
(230 W. 49th St, ✆ 239-6200)
11 Golden Theater
(252 W. 45th St, ✆ 239-6200)
12 Helen Hayes Theater
(240 W. 44th St, ✆ 944-9450)
13 Imperial Theater
(249 W. 45th St, ✆ 239-6200)
14 LambsTheater
(130 W. 44th St, ✆ 997-1780)
15 Longacre Theater
(220 W. 48th St, ✆ 239-6200)
16 Lunt-FontanneTheater
(205 W. 46th St, ✆ 575-9200)
17 LyceumTheater
(149 W. 45th St, ✆ 239-6200)
18 Majestic Theater
(247 W. 44th St, ✆ 239-6200)
19 Marquis Theater
(211W. 45th Street, ✆ 382-0100)
20 Martin Beck Theater
(302 W. 45th St, ✆ 239-6200)
21 Minskoff Theater
(200 W. 45th St, ✆ 869-0550)
22 Music Box Theater
(239 W. 45th St, ✆ 239-6200)
23 NederlanderTheater
(208 W. 41st St, ✆ 921-8000)

24 Neil Simon Theater
(250 W. 52nd St, ✆ 757-8646)
25 Plymouth Theater
(236 W. 45th St, ✆ 239-6200)
26 Richard Rogers Theater
(226 W. 46th St, ✆ 221-1211)
27 Royale Theater
(242 W. 45th St, ✆ 239-6200)
28 Shubert Theater
(225 W. 44th St, ✆ 239-6200)
29 St James' Theater
(246 W. 44th St, ✆ 239-6200)
30 Virginia Theater
(245 W. 52nd St, ✆ 239-6200)
31 Walter Kerr Theater
(219 W. 48th St, ✆ 239-6200)
32 Winter Garden Theater
(1634 Broadway, ✆ 239-6200)

Les théâtres suivants ne figurent pas sur la carte :

Actors Studio
(432 W. 44th St, ✆ 757-0870)
Douglas Fairbanks Theater
(432 W. 42nd St, ✆ 239-4321)
New Dramatists
(424 W. 44th St, ✆ 757-6960)
Westside Theater
(407 W. 43rd St, ✆ 315-2244)

Une des images qui viennent immédiatement à l'esprit quand on parle de Broadway est d'ailleurs une débauche d'enseignes lumineuses annonçant spectacles et vedettes sur toute la longueur du Great White Way (la Grande voie blanche), comme Broadway est surnommée. La Broadway d'antan était composée seulement d'une cinquantaine de théâtres, regroupés autour de Times Square. Aujourd'hui, le **Theater District** s'étend depuis Broadway jusqu'à la 7ᵉ avenue, entre les 40ᵉ et 53ᵉ rues.

Généralement parlant, les théâtres "**Off Broadway**" (à savoir hors de Broadway même, mais également d'avant-garde) ne contiennent pas plus de 500 spectateurs, sont souvent situés dans Greenwich Village et présentent des productions plus "cérébrales" que leurs confrères de Broadway. Les théâtres "**Off-Off Broadway**" peuvent être franchement aux antipodes, tant géographiquement que sur le plan intellectuel, et offrent moins d'une centaine de sièges.

Le théâtre à New York est cher mais vous pourrez réduire la dépense en achetant des billets pour le jour même, et à moitié prix, dans les billetteries du TKS, situées à Times Square, au World Trade Center et à proximité de Borough Hall dans Brooklyn.

LOISIRS SPORTIFS

S'il est un sujet qui d'emblée peut vous ouvrir le cœur des New-Yorkais, c'est bien le sport, surtout si vous êtes des supporters de la même équipe… Vous pourrez voir des spectacles sportifs à de multiples endroits, depuis le Madison Square Garden, dans Midtown, jusqu'au USTA National Tennis Center à Flushing Meadow-Corona Park, dans le Queens, en passant par le Meadowsland Sports Complex à East Rutherford, dans le New Jersey.

Madison Square Garden, situé au-dessus de Penn station entre les 31ᵉ et 33ᵉ rues, à hauteur de la 7ᵉ avenue, est le cadre des rencontres sportives les plus prestigieuses. Il peut héberger plus de 20 000 spectateurs et accueille diverses manifestations sportives tout au long de l'année. À l'étranger, Madison Square Garden est sans doute plus connu pour les championnats du monde de boxe qui s'y déroulent. Il peut être difficile au visiteur de se procurer des billets pour les rencontres les plus demandées. Si vous n'avez pas réussi à obtenir de

billet pour le match, la course ou le combat du siècle, consolez-vous devant l'écran géant d'un des multiples bars fréquentés par les supporters.

Football américain

Les deux principales équipes de football de New York sont les Jets et les Giants. La ville se partage entre supporters de l'une ou l'autre équipe, mais toutes les deux jouent sur le même terrain, au **Continental Airlines Arena** dans le New Jersey.

Les Giants affrontent les Redskins.

La saison de football se poursuit d'août à fin décembre et la ville tout entière sort de ses gonds le troisième dimanche de janvier, pour la rencontre décisive entre les deux finalistes du Superbowl.

Baseball

La saison de baseball dure d'avril à octobre et les matches où prennent part les New York Yankees et les New York Mets sont le sujet de conversation favori dans les bars et les taxis. Les Yankees jouent au **Yankee Stadium** dans le Bronx et le terrain des Mets est dans le Queens, au **Shea Stadium**. Le point culminant de la saison de baseball est atteint en octobre, lorsque les équipes championnes de la National League et de l'American League s'affrontent au cours des World Series (championnats du monde).

Basketball

Sport rapide et élégant, le basketball se pratique d'octobre à mai. Si vous n'avez pas l'occasion de voir des équipes professionnelles à l'œuvre, il vous suffira de vous rendre dans un parc quelconque pour y voir à coup sûr de jeunes amateurs jouer avec entrain.

Les principales équipes de la ville sont les Knickerbockers ou plus familièrement les Knicks, et les New Jersey Nets. Les Knicks jouent à **Madison Square Garden** et les Nets au **Continental Arena**.

Courses de chevaux

Les courses de pur-sang et les courses attelées se déroulent à **Meadowlands**. Les courses de trot ont lieu entre janvier et août et les courses de plat de septembre à décembre.

Des courses attelées en nocturne sont organisées toute l'année au **Yonkers Raceway**, dans le comté de Westchester, juste au Nord de la frontière municipale de New York.

Beaucoup de courses de pur-sang se tiennent dans le Queens, notamment le champ de courses

Les Américains prennent le sport très au sérieux, comme le démontre l'affluence au match de baseball. (Voir photo p. 105)

d'**Aqueduct Racetrack** est le plus grand des Etats-Unis et celui de **Belmont Park** et **Aqueduct Racetrack**, surnommé "The Big A" par les supporters, qui accueille le Belmont Stakes, l'une des plus belles courses de l'US Triple Crown.

Les paris sur les champs de courses sont du type pari mutuel. Les paris peuvent être placés à l'extérieur auprès de bureaux privés, certains très cossus, appelés Off-Track Betting offices et auprès des bureaux municipaux du New York City Off-Track Betting, dont plus de 100 annexes opèrent dans les cinq arrondissements.

Hockey sur glace

Le hockey sur glace est pratiqué d'octobre à avril avec acharnement et à une vitesse vertigineuse. Les New-Yorkais suivent essentiellement les matches de trois équipes : les New York Islanders qui jouent sur leur patinoire au **Nassau Memorial Coliseum**, à Uniondale dans Long Island ; les New York Rangers, qui sont basés au **Madison Square Garden,** et les New Jersey Devils qui jouent au **Continental Arena**.

Tennis

Il suffit de deux éléments pour obtenir des places convenables aux demi-finales et aux finales des championnats internationaux de tennis de l'**US Open** qui se déroulent au **USTA National Tennis Center** de Flushing Meadow-Corona Park : du temps et de l'argent. Des places sur les gradins du nouveau Arthur Ashe Stadium sont vendues sur la base du "premier venu – premier servi"(en quantité limitée toutefois). Ce tournoi a lieu en septembre.

A à Z

A l'Arrivée *voir* **Aéroports** *et* **Douanes**

Accidents et pannes

Vérifiez si le coût de location de votre voiture comprend bien une assurance CDW (garantie collision dommages). Ce type d'assurance couvre la voiture que vous conduisez. Elle n'est pas vraiment bon marché (entre 9$ et 13$ par jour) mais sans elle vous devriez répondre de toutes les bosses et éraflures sur la voiture. Si cette garantie n'est pas comprise dans le prix de location, cela vaut la peine de la rajouter, à moins que vous ne soyez déjà couverts par votre propre police.

Un numéro d'appel d'urgence devrait vous être remis au cas où la voiture tomberait en panne. Si ce n'est pas le cas, rangez la voiture sur le bas côté, soulevez le capot et attendez que la police arrive. Il n'est pas conseillé aux dames voyageant seules de faire savoir qu'elles ont des ennuis. L'agence de location de voiture pourra vous louer un téléphone portable, ce qui vous permettra d'appeler en cas d'urgence.

Aéroports

Kennedy Airport :
℅ 718-244-4444
La Guardia Airport :
℅ 718-533-3400
Newark Airport :
℅ 973-961-6000

Transports depuis l'aéroport :
Le plus simple et le moins coûteux est de prendre un autocar pour quitter n'importe lequel des trois aéroports. Les autocars Carey circulent tous les jours de la semaine, avec un départ toute les trente minutes, à destination des grands axes de Manhattan, à partir de La Guardia Airport (de 6 h 45 à minuit) et de JFK Airport (de 6 h à minuit). Cette compagnie relie aussi ces deux aéroports entre eux.

A partir de l'aéroport de Newark, Olympia Trails dessert également Manhattan toutes les 20 mn (de 6 h 15 à minuit).

Les voitures avec chauffeur, les minibus et les taxis peuvent revenir très chers - jusqu'à 40 ou 50 $ de l'aéroport JFK à Manhattan. Il est recommandé de demander au chauffeur, avant le départ, une indication du prix de la course, ou même de convenir d'un prix forfaitaire, ce qui peut vous épargner une surprise désagréable à l'arrivée. Rappelez-vous qu'il vous faudra ajouter un pourboire au montant de la course.

Ambassades *voir à* **Consulats**

Argent

Les Etats-Unis ont adopté le système décimal pour la monnaie et un dollar représente 100 cents. Les coupures sont toutes de la même dimension et de couleur verte, prenez donc garde à ne pas les confondre. Vous trouverez des billets de 1\$, 5\$, 10\$, 20\$, 50\$ et 100\$. Un "coin" vaut un demi-dollar (50 cents) ; un "quarter", 25 cents ; une "dime", 10 cents ; un "nickel", 5 cents et un "penny", un cent.

En règle générale, à moins que vous n'ayez l'habitude de passer vos vacances dans des endroits vraiment très bon marché, vous aurez l'agréable surprise de découvrir que les produits sont meilleur marché que sur le continent, même aux

périodes où le cours du dollar est à la hausse.

Le moyen le plus sûr de transporter de grosses sommes est de se munir de chèques de voyage en monnaie américaine, qui seront acceptés et échangés pratiquement partout, ou encore d'utiliser une carte de crédit. La municipalité de New York prélève une taxe à l'achat de 8,25 % sur presque tous les produits et services, y compris les repas – taxe qui n'est pas forcément indiquée dans le prix – et une taxe de 13,25 % plus 2\$ par nuit pour les chambres d'hôtel, qui n'est pas incluse dans le prix qui vous sera indiqué (les chambres de plus de 100\$ sont en outre soumises à une taxe de 5 % prélevée par l'Etat de New York). Il est utile d'avoir sur soi de la petite monnaie et des billets d'un dollar (*voir aussi* **Pourboires** et **Banques**).

Auberges de jeunesse

L'*International American Youth Youth Hostel* est une auberge de jeunesse

Les célèbres "yellow cabs" de New York.

qui se situe au 891 Amsterdam Avenue. L'hébergement se fait en dortoirs, et les prestations comprennent une cafétaria, une laverie, un jardin et des salles de réunion. Compter 23$/nuit ; 60$/nuit pour une chambre individuelle avec réservation préalable ; © 932-2300.

New York possède aussi des YMCA (Young Men's Christian Associations). Le Vanderbilt YMCA se trouve au 224, 47e rue E (© 756-9600) ; le West Side YMCA (5, 63e rue O., © 787-4400) comporte un club sportif et un restaurant. Le prix des chambres est de 42$/nuit, et il est conseillé de réserver, surtout de mai à septembre. *Voir aussi à* Hébergement.

Banques

Elles sont ouvertes de 9 heures du matin à 3 heures de l'après-midi du lundi au jeudi, et jusqu'à 5 heures le vendredi. Cependant, des heures d'ouverture plus longues sont de plus en plus courantes et certaines banques sont aussi ouvertes le samedi. La plupart des banques changent les chèques de voyage et les devises quoique ces opérations soient meilleur marché auprès des bureaux de change qui prélèvent une commission moins importante.

Les visiteurs du monde entier peuvent effectuer des retraits en liquide en utilisant les cartes de crédit les plus connues et les cartes bancaires dans les distributeurs automatiques de billets que l'on trouve à l'extérieur de la plupart des banques. Il est recommandé de vérifier auprès de votre banque le montant des commissions et à quels endroits effectuer ces opérations.

Bicyclettes

On peut trouver des locations de vélos en consultant les pages jaunes de l'annuaire. Le Loeb Boathouse dans Central Park est d'accès facile et pratique si vous désirez faire du vélo sur les pistes cyclables longues de plusieurs kilomètres.

Bureaux de poste

Les bureaux de poste de quartier sont généralement ouverts de 9 h à 16 h 30 ou 17 h mais ces horaires peuvent être modifiés. Vous pouvez trouver des timbres dans les distributeurs de la poste ou dans les quartiers commerçants, les hôtels et les drugstores. Les boîtes aux lettres, de couleur bleue, se trouvent aux coins des rues, tous les trois pâtés de maisons environ.

Le tarif d'affranchissement à l'intérieur des Etats-Unis est de 32 cents pour du courrier ordinaire ne pesant pas plus d'une once (28 grammes). Le courrier par avion entre les Etats-Unis et l'Europe demande environ une semaine et les tarifs sont les suivants : cartes postales 50 cents, aérogrammes 55 cents et lettres 60 cents (jusqu'à 14 g). L'envoi de colis est gouverné par des règlement stricts qui stipulent l'utilisation

L'hôtel Plaza, avec la statue du général Sherman au premier plan.

emballages spéciaux vendus ar la poste et de consignes de rmeture.

La poste principale, ouverte en ermanence, est située à l'angle de Vest 33rd Street et Eighth Avenue ; 212/967-8585.

Le bureau de poste de Grand Central Terminal Railroad, au 450 Lexington Avenue et 45ᵉ rue, est ouvert de 7 h 30 à 21 h du lundi au vendredi et de 7 h 30 à 13 h le samedi.

Cartes et guides

Le Guide Vert Michelin *New York* comprend des plans détaillés de New York ainsi que des informations précises sur les différents sites et curiosités de la ville. Les principaux offices de tourisme et les Chambres de Commerce fournissent gratuitement des plans et des brochures ainsi que des plans de bus et de métro. Les agences de location de véhicules distribuent également des cartes qui vous aideront à planifier votre itinéraire et vous aideront pour la conduite.

Une carte routière à grande échelle est idéale si vous comptez faire du tourisme en dehors de New York. Vous pourrez vous en procurer dans n'importe quelle librairie. Si vous quittez les limites de la ville et que vous pénétrez dans un parc national ou régional, on vous remettra à l'entrée une carte des routes touristiques, des randonnées et des pistes.

Chambres d'hôte *voir* Hébergement

Climat *voir au chapitre* "Vivre New York"

Conduire

On conduit aux Etats-Unis sur le côté droit de la route et l'essence y est bon marché. Les étrangers peuvent utiliser leur permis de conduite national.

La vitesse est limitée comme suit : 24 km/h (15 mph) à proximité d'établissements scolaires, 48 km/h (30 mph) en zone urbaine (quartiers résidentiels et d'affaires) ; 88 ou 104 km/h (55 ou 65 mph) sur les autoroutes. Respectez rigoureusement les panneaux de limitations de vitesse. Souvenez vous que tous les passagers du véhicule doivent porter une ceinture de sécurité.

Il est très difficile de trouver un stationnement dans les rues de Manhattan, particulièrement en semaine, et les tarifs des garages sont élevés. Les véhicules en infraction sont promptement mis en fourrière ou verbalisés. Utilisez les parkings et les parcmètres ou laissez votre voiture à l'hôtel.

Voir également **Location de véhicules** et **Accidents et pannes**.

Consulats

Belgique : 1330 Avenue of the Americas, ✆ 586-5110

Canada : 1251 Avenue of the Americas, ✆ 768-2400

France : 934 Fifth Avenue, ✆ 606-3689

Luxembourg : 17 Beekman Place ✆ 888-6664

Suisse : 665 Fifth Avenue, ✆ 888-1620

Courant électrique

Les équipements personnels fonctionnent en 110 volts (courant alternatif). Les prises sont généralement conçues pour une double fiche plate et le visiteur français aura sans doute besoin d'un adaptateur que l'on peut se procurer dans les magasins d'équipements électriques ou emprunter à la réception dans les grands hôtels. Si le voltage de votre appareil ne correspond pas, il vous faudra également un transformateur.

Criminalité

La criminalité est relativement élevée à New York. Comme dans de nombreuses villes, les aggressions sont un problème et quelques précautions s'imposent en vue de réduire les risques d'en être victime :

. N'affichez pas trop ostensiblement le fait que vous êtes un touriste.

. Ne faites pas étalage de votre argent.

. Cantonnez-vous aux quartiers fréquentés par les touristes, particulièrement la nuit.

. Renseignez-vous sur les quartiers et les endroits à éviter.

. Si vous avez maille à partir avec un agresseur, le mieux à faire est de lui remettre ce qu'il réclame. Par précaution, préparez une petite liasse de billets et si ce type de rencontre devait se produire, il s'en contentera probablement.

. Gardez vos objets de valeur dans le coffre de l'hôtel.

. N'ouvrez jamais la porte de votre

chambre si vous avez le moindre doute.

. Si on vous a volé votre passeport, avisez immédiatement votre consulat le plus proche. Ne gardez pas vos travellers chèques avec les numéros de série. En cas de perte, faites-en la déclaration en téléphonant au numéro qui vous a été fourni.

Croisières

La **Circle Line** (℡ 212/563-3200), propose des excursions commentées, d'une durée de trois heures, autour de l'île de Manhattan. Des croisières de deux heures autour de Lower Manhattan et jusqu'à la Statue de la Liberté, ainsi qu'une croisière

Contraste sur Park Avenue entre une petite église et les gratte-ciel environnants

nocturne (Harbor Lights, entre 19 h et 21 h), sont également proposées.

La saison dure de mi-mars à mi-décembre. Il est recommandé de réserver. L'embarquement se fait à la rivière Hudson au Pier (jetée) sur la 42e rue.

Décalage horaire

New York est à l'heure de la zone Eastern Standard Time (EST), c'est à dire cinq heures plus tôt que l'heure de Greenwich (GMT). Les horaires d'été sont appliqués à partir du dernier dimanche d'avril, où l'on avance les montres d'une heure, jusqu'au dernier dimanche d'octobre.

Devises *voir* Argent

Douanes

Les ressortissants français projetant un séjour touristique classique aux Etats-Unis et n'excédant pas 90 jours, sont exemptés de visa. Ils n'auront besoin que d'un passeport en cours de validité et d'un formulaire de dispense de visa qui pourra leur être remis à l'avance par leur agent de voyage ou par la compagnie aérienne lors de l'enregistrement. Ce formulaire devra être remis aux services de l'immigration à leur arrivée. Certaines catégories de touristes, notamment en voyage d'affaires, devront se munir d'un visa d'entrée.

Les touristes de nombreux pays, y compris ceux de la République d'Irlande, ont besoin d'un passeport en cours de validité, ainsi que d'un visa touristique de non-immigrant.

Vous pourrez obtenir des informations complètes par l'Ambassade ou le Consulat des Etats-Unis le plus proche.

Aucune vaccination n'est requise.

À l'arrivée, si vous venez de l'étranger et que vous n'êtes pas ressortissant américain, il vous faudra remplir au cours du vol diverses déclarations pour les autorités de l'immigration et des douanes et les remettre après l'atterrissage. On vous demandera où vous comptez passer votre première nuit et la durée de votre séjour. On peut aussi vous demande de justifier que vos moyens vous permettent de subvenir à vos besoin pendant votre séjour, faute de quoi vous risqueriez d'être refoulé.

Pour accélérer votre passage en douane, complétez soigneusement la question 9 du formulaire de déclaration, qui se réfère à l'importation de fruits, plantes, viandes, aliments, sol, animaux vivants (y compris les oiseaux) et produits agricoles.

Eau

L'eau potable de New York est d'une qualité acceptable. La plupart des restaurants et cafétérias vont serviront un verre d'eau ordinaire avec votre consommation. Si vous le désirez, vous pourrez choisir parmi un vaste assortiment d'eaux minérales.

Eglises *voir* à Religion

Enfants

De nombreux hôtels permettent aux enfants de rester dans la chambre de leurs parents sans supplément tandis que d'autres offrent des tarifs spéciaux. Renseignez-vous à l'hôtel sur les activités éventuelles qu'ils proposent aux enfants ou s'ils ont un service de garde d'enfants.

Il y a beaucoup de choses à New York à voir et à faire pour les enfants. Il existe en effet des musées qui leur sont particulièrement destinés, des zoos, des parcs, des plages à proximité et de nombreuses attractions spécialement organisées durant l'été par des théâtres et des bibliothèques pour enfants.

Un calendrier mensuel des attractions pour enfants est publié dans le magazine gratuit *New York Family* et le dépliant *New York for Kids* est également disponible auprès du New York Convention & Visitors Bureau (Office des congrès et du tourisme), 810 Seventh Avenue, New York, NY 10019, (*©* 212/484-1222).

Excursions

Une des meilleures méthodes pour visiter New York est de se promener à pied. Grâce à la disposition en quadrillage des rues, vous pourrez aisément explorer tous les quartiers qui vous intéressent. Néanmoins, une excursion guidée d'une demi-journée ou d'une journée peut être la solution idéale pour vous donner un aperçu de la ville.

Les voyagistes proposent un grand choix d'excursions : visites de sites, périples dans des autobus à impériale, vols en hélicoptère, visites guidées de musées et croisières de trois heures autour de l'île de Manhattan. C'est le cas notamment de la compagnie **Gray Lines** (*©* 212/397-2600).

Vous trouverez des renseignements complets sur ces visites et d'autres dans la publication *Big Apple Visitors Guide*, disponible gratuitement auprès du New York Convention and Visitors Bureau (*voir* **Offices de tourisme**).

Formalités d'entrée aux Etats-Unis *voir* **Douanes**

Garde d'enfants

Baby-sitters : *©* 682-0227 *voir aussi* à **Enfants**

Hébergement

New York offre toutes les possibilités de logement : hôtels de toutes catégories ou suites dans des résidences privées, appartements tout équipés avec domestiques, hôtels modestes et auberges de jeunesse.

Le New York Convention and Visitors Office (Syndicat d'initiative) publie une liste gratuite des possibilités d'hébergement dans la ville. Vous pouvez aussi bénéficier de réductions en prenant vos réservations par *Express Hotel Reservations* (*©* 800/ 356-1123).

City Lights Bed and Breakfast (P.O. Box 20355, Cherokee Station, New

Conduire dans les rues embouteillées de New York peut être une expérience difficile.

York, NY 10028 ; (℡ 212/737-7049) et *Urban Ventures* (38 West 32nd Street, Suite 1412, New York, NY 10001 ; (℡ 212/594-5650) offrent un service gratuit de réservations de chambres d'hôte. Vous pouvez opter dans les auberges de jeunesse et les formules de logement économique, pour un hébergement sommaire dans un dortoir ou pour une chambre particulière, mais à un prix bien plus élevé.

Pour toute demande de renseignements sur les divers aspects de votre séjour à New York, n'hésitez pas à écrire au NY Convention and Visitors Bureau, 810 Seventh Avenue, New York, NY 10019 ; (℡ 212/484-1222).

Comme les hôtels de la ville affichent souvent complet, il est fortement conseillé de réserver bien avant votre départ, surtout s'il est prévu pour l'été, Pâques ou Noël.

Hélicoptères

L'héliport est situé à l'angle de la 34ᵉ rue de l'East River. La promenade aérienne proposée par la compagnie **Island Helicopter Sightseeing**, ℡ 212/683-4575, peut se faire sans réservation préalable.

Horaires d'ouverture

Drugstores (pharmacies) : de 9 h 00 à 19 h 00 tous les jours. Certaines, comme Duane Reade Pharmacy (224 57th Street à Broadway) ; (℡ 212/755-2266), sont ouvertes 24 heures sur 24. Kaufman's Pharmacy sur Lexington Avenue, est ouverte jusqu'à minuit (℡ 212/755-2266).

Magasins : de 10 h à 18 h du lundi au vendredi et de 10 h à 13 h (ou 18 h) le samedi. Beaucoup de grands magasins restent aussi ouverts en soirée une à deux fois pa semaine ainsi que le dimanche.

Supermarchés : de 8 h à 21 h ou 22 h du lundi au samedi, et de 8 h à 19 h le dimanche. Certains sont ouverts 24 h sur 24.

Voir également **Bureaux de poste** et **Banques**

Information *voir* Offices de tourisme

Journaux

Les journaux locaux sont *The New York Times*, le *Daily News* et le *New York Post* mais vous pourrez vous procurer sans difficulté d'autres journaux américains et étrangers.

Les publications hebdomadaires comme le *New York Magazine*, *The New Yorker* et *The Village Voice* fournissent les programmes de festivités et de manifestations à New York et dans les environs. Vous pourrez obtenir des exemplaires gratuits de *City Guide* et de

Where New York à l'hôtel et au restaurant.

Jours fériés
New Year's Day
(Jour de l'an) : 1ᵉʳ janvier.
Martin Luther King's Birthday
(Anniversaire de M.L.King) :
3ᵉ lundi de janvier.
Presidents' Day (Journée des Présidents) : 3ᵉ lundi de février.
Memorial Day
(Jour des morts au champ d'honneur) : dernier lundi de mai.
Independence Day
(Fête nationale) : 4 juillet.

Une croisière en bateau offre des perspectives impressionnantes sur Manhattan.

Labor Day (Fête du travail) :
1er lundi de septembre.
Colombus Day :
2e lundi d'octobre.
Veterans' Day
(Fête des anciens combattants) :
11 novembre.
Thanksgiving Day
(Fête d'action de grâces) :
4e jeudi de novembre.
Christmas Day (Noël) :
25 décembre.

À ces occasions, les magasins, banques et bureaux seront généralement fermés toute la journée. Dans certains endroits, le personnel bénéficie d'une demi-journée de congé pour Good Friday (le Vendredi saint).

Langue

La langue la plus répandue est l'anglais, quoique l'on y parle presque toutes les langues du monde. Les visiteurs connaissant l'anglais classique seront cependant un peu déroutés par la signification différente de certains termes.

Linge

Vous trouverez quantité de laveries en libre service fonctionnant avec des pièces ainsi que des blanchisseries. Vous pouvez également confier votre linge à votre hôtel mais le prix sera plus élevé.

Location de véhicules

On peut facilement louer une voiture dans les aéroports, les hôtels ou auprès d'agences de location de véhicules. L'âge minimum pour louer une automobile est de 21 ans, quoique certaines compagnies imposent une limite de 25 ans et que d'autres majorent la prime d'assurance en dessous de 25 ans. Vous devrez payer par carte de crédit, à défaut de quoi on vous demandera le dépôt d'une caution importante.

Combiner vol par avion / location

Quelques exemples :

Anglais	**Américain**	**Français**
public toilet	restroom	*toilettes publiques*
grilled	broiled	*grillé(e)*
no overtaking	do not pass	*interdiction de doubler*
no parking	no standing	*arrêt interdit*
trousers	pants	*pantalon*
chemist	drugstore	*pharmacie*
underground	subway	*métro*
bill	check	*addition*
pavement	sidewalk	*trottoir*
lift	elevator	*ascenseur*
holiday	vacation	*vacances*
ground floor	1st floor	*rez-de-chaussée*

de voiture ou réservation d'une automobile avant d'arriver à New York peut être extrêmement avantageux. Essayez d'obtenir un kilométrage illimité et notez que l'on vous fera probablement payer davantage si vous ne rendez pas votre voiture là où vous l'avez louée au départ. Vérifiez l'accord de location en ce qui concerne la prise en charge pour les dommages causés en cas de collision (le "CDW") et, si celle-ci n'est pas comprise, vous devriez sérieusement considérer la possibilité d'y souscrire (*voir aussi* **Accidents et Pannes**).

Nettoyage à sec *voir* Linge

Objets perdus

Déclarez tout objet perdu dès que vous vous en apercevez. À l'hôtel, contactez la réception ou la sécurité. Dans le bottin local, vous trouverez les numéros de téléphone des compagnies de taxis et de transport public. Il vous faudra informer la police si vous avez perdu vos papiers d'identité. Demandez-leur un procès-verbal si vous avez des objets de valeur assurés. Dans le cas de vol ou de perte de chèques de voyage ou de cartes de crédit, avisez en immédiatement la police et l'organisme émetteur en leur fournissant les numéros de série.

Si vous avez oublié quelque chose dans un taxi, contactez le bureau des objets perdus (**Lost Property Office**, 212/692-8294). Si possible, communiquez leur le numéro

d'identification du véhicule, figurant sur le tableau de bord et sur votre reçu.

Offices de Tourisme

Si vous projetez un séjour à New York, il existe deux excellentes sources d'information que vous pouvez exploiter. Ce sont l'**United States Travel and Tourism Administration**, qui dispose d'une représentation dans tous les consulats et ambassades des Etats-Unis à l'étranger, et le **NY Convention and Visitors Bureau**, qui est situé au 810 Seventh Avenue, NY 10019 ; © 212/484-1222. Ces deux organismes disposent d'une grande quantité de cartes, brochures, guides et plans et d'informations sur l'hébergement, les manifestations saisonnières, les endroits où manger, les sites touristiques et les excursions.

Le NY Convention and Visitors Bureau publie chaque année un *Big Apple Guide* (Guide de la grosse Pomme) qui vous sera remis gracieusement. Son personnel multilingue pourra aussi répondre à vos questions.

Le Times Square Visitor & Transit Information Center (sur la 46e rue à Broadway), ouvert tous les jours de 10 h à 19 h, a des informations sur tous les aspects du tourisme à New York.

Pannes *voir* Accidents

RENSEIGNEMENTS PRATIQUES DE A à Z

Personnes handicapées

Grâce à la loi de 1990 sur les Américains handicapés, les Etats-Unis sont extrêmement bien pourvus en aménagements pour personnes handicapées. Les transports publics sont généralement équipés d'accès pour fauteuils roulants et les accompagnateurs voyagent souvent gratuitement ; les personnes handicapées bénéficient du demi tarif sur le réseau de transport public.

Les bâtiments publics sont tenus par la loi d'assurer un accès aux fauteuils roulants et de disposer d'installations sanitaires appropriées. Les intersections sont fréquemment inclinées pour faciliter le passage des personnes handicapées. Les téléphones publics sont conçus pour être à leur portée et les toilettes publiques disposent d'installations spéciales. Dans les ascenseurs, des indicateurs en braille sont prévus et l'on trouve de plus en plus d'emplacements de stationnement réservés à leur usage.

Les sites fréquentés sont généralement adaptés aux besoins des personnes handicapées et s'efforcent de faciliter leurs déplacements et de disposer des aménagements requis. Les offices de tourisme peuvent fournir des informations pratiques aux personnes handicapées (*voir* **Offices de tourisme**). Vous trouverez également dans le bottin des listes d'organismes d'aide aux handicapés.

Les grands hôtels disposent de chambres spécialement conçues qu'il vaut mieux réserver. Les principales agences de location de véhicules proposent des voitures avec commandes manuelles, sans supplément de prix. Comme celles-ci sont en nombre limité, il est recommandé de les reserver le plus tôt possible.

Un guide gratuit des lieux culturels, *Access for All*, est disponible auprès de Hospital Audiences, Inc., 220 W. 42nd Street, New York, NY 10036 ; © 212/575-7663.

Photographie

On trouve partout dans New York des pellicules de bonne qualité et des accessoires pour caméras et aussi beaucoup d'endroits pour un développement rapide. Vous pourrez trouver des pellicules à un prix intéressant dans les discount stores mais pensez à vérifier la date limite d'utilisation du produit.

Plages

On peut trouver de belles plages à Long Island et à Staten Island qui sont d'un accès facile à partir de Manhattan. Plus proche de la ville, Coney Island dans Brooklyn et Orchard Beach dans le Bronx offrent un refuge paisible en dehors de la ville.

Police

La police américaine est en général serviable et coopérative quand les choses tournent mal. En cas d'urgence, ils interviendront rapidement si vous composez le 911. On distingue trois corps de police

Pour la police new-yorkaise, les journées sont toujours bien remplies.

aux Etats-Unis : la police municipale (City Force), les bureaux du Sheriff qui ont compétence en dehors des villes, et la police de la route (Highway Patrol) qui s'occupe des accidents et des infractions à l'extérieur des villes.

Pourboires

Le pourboire est de règle aux Etats-Unis. Le montant habituel est de 15 à 20 % dans les restaurants, de 15 % pour les taxis, de 10 à 20 % dans les salons de coiffure et de 10 % pour les barmen et les garçons de café. Les femmes de chambre reçoivent habituellement 2$ par jour, les porteurs environ 1$ par bagage et le portier qui vous hèle un taxi 1$. (Au restaurant, pour simplifier le calcul, les new yorkais multiplient souvent par deux le montant de la taxe municipale qui figure sur l'addition, ce qui donne un pourboire de 16,5 %).

Réclamations

Faites part de vos réclamations au gérant de l'hôtel, du magasin ou du restaurant sans vous emporter. Pour des plaintes de nature plus sérieuse, contactez la police ou adressez-vous à l'office du tourisme (voir **Offices du tourisme**)

Religion

New York est un creuset de toutes les nationalités du monde et pratiquement toutes les appartenances religieuses y sont représentées. Les églises catholiques sont faciles à trouver. La plupart des communautés ont des églises de diverses confessions. On trouve aussi à New York une communauté juive florissante.

Pour toute information sur les divers services religieux, contacter la Chambre de Commerce locale ou le New York State Tourist Office (voir **Offices de tourisme**).

Santé

Une assurance médicale est primordiale pour tout visiteur étranger car il n'y a pas de sécurité sociale nationale aux Etats-Unis et les soins médicaux dans un cadre privé sont extrêmement onéreux. Les agences de voyages et les voyagistes pourront vous suggérer une police d'assurance appropriée, qui devrait fournir une couverture médicale d'au moins 1 000 000$ (environ 5 000 000 francs français).

S'il vous arrivait un accident sérieux pendant votre séjour, vous serez tout d'abord soigné et la question du règlement sera abordée plus tard. Pour les cas bénins, consultez les rubriques Physicians and Surgeons (Médecins et chirurgiens) ou Clinics (Centres médicaux) dans les Yellow Pages (Pages jaunes). Gardez tous les reçus et les dossiers pour vous faire rembourser plus tard.

Les centres médicaux et dentaires où vous pourrez vous adresser figurent dans le bottin. Pour les problèmes mineurs, les pharmacies disposent d'une panoplie impressionante de remèdes qui devraient vous soulager.

Pharmacie Concord *(francophone)*
425 Madison Ave, © 486-9543).

Il existe aussi un service dentaire
pour les premiers soins
(© 212/679-3966).

Si vous savez déjà que vous aurez
besoin de médicaments pendant
votre séjour, faites vous établir une
prescription par votre médecin
indiquant leur composition et non
pas leur nom.

Tabac

Les fumeurs sont vus d'un
mauvais œil aux Etats-Unis mais
avec plus de tolérance à New York
qu'en Californie, où les gens se
préoccupent plus de leur santé. Les
lieux publics et les transports publics
sont des zones non-fumeurs,
bien que certains restaurants aient
prévu des aménagements pour
fumeurs.

Téléphone

Si vous voulez appeler à l'étranger,
le plus simple est de le faire de votre
chambre d'hôtel et non d'une cabine
publique, ce qui vous fera gagner du
temps et vous épargnera des efforts,
malgré la différence de prix. Si vous
désirez appeler en PCV ou débiter
votre carte de crédit, composez le 0
pour obtenir un opérateur. Si vous
appelez directement d'une cabine,
composez le 011 puis l'indicatif du
pays (**32** pour la Belgique, **33** pour
la France, **39** pour l'Italie, **41** pour
la Suisse, **44** pour la Grande
Bretagne), puis éventuellement

l'indicatif régional et enfin le numéro
de votre correspondant. Prévoyez
une provision suffisante de pièces de
monnaie. Les tarifs réduits pour les
appels internationaux vers l'Europe
s'appliquent entre 18 h 00 et 6 h 00
et il en va de même pour les
communications locales et longue
distance à l'intérieur des Etats-Unis.

On compte une centaine
d'indicatifs régionaux aux Etats-
Unis. Pour appeler une autre zone,
composez le 1 puis l'indicatif
régional et votre numéro. Le tarif
pour un appel local est affiché dans
la cabine téléphonique.

Télévision et radio

La télévision à New York est une
expérience à ne rater en aucun cas.
Vous pourrez "zapper"
interminablement entre des dizaines
de chaînes qui vous proposeront
tous les types de programmes
imaginables.

Tenue vestimentaire

L'absence de cérémonie est la
norme aux Etats-Unis et des habits
confortables sont indispensables au
touriste actif. Certains restaurants
cependant ont un code vestimentaire
strict et il est bon de vérifier avant
de réserver une table. De même, une
tenue formelle s'impose pour le
ballet, l'opéra et la plupart des
théâtres.

Rappelez-vous que les soirées
peuvent être beaucoup plus fraîches
que les journées et que l'on peut
même avoir froid dans les théâtres,

Une manière plus traditionnelle et reposante de se déplacer dans Central Park.

les restaurants et les boutiques avec l'air conditionné. Un pull-over ou une veste supplémentaire ne seront pas de trop.

Timbres voir Bureaux de poste

Toilettes

Il vaut mieux éviter les toilettes publiques dans des endroits comme les parcs, tant par souci d'hygiène que par sécurité. Par contre, les bâtiments publics sont tenus de mettre à la disposition du public des toilettes, désignées par rest rooms, powder rooms, men's room ou women's room et celles-ci sont généralement bien tenues. Il en va de même dans les restaurants et les

cafétérias. Dans les restaurants et salles de spectacles où se trouve un préposé, l'usage est de laisser un pourboire.

Tours voir Excursions

Transports

La meilleure façon de se déplacer dans Manhattan est à pied mais la plus rapide est le métro. La plus intéressante, mais aussi parfois la plus lente, est d'emprunter les autobus de la ville.

La plupart des touristes arpentent la ville tant à pied qu'en métro et en autobus. Il est vrai que le réseau de transports publics de la ville de New York fonctionne de manière satisfaisante dans l'ensemble. Aux heures de pointe, c'est à dire entre 7 h et 9 h du matin et entre 16 h 30 et 19 h l'après-midi, le rythme urbain déjà rapide devient franchement frénétique et il vaut mieux alors éviter métro et autobus.

Le **Subway** (métro) fonctionne 24 h sur 24 mais certains itinéraires ne sont pas ouverts en permanence. Les lignes et les directions sont signalées à l'entrée du métro. Un globe vert à la bouche du métro indique que la station est ouverte sans interruption alors qu'un globe rouge signale des horaires d'ouverture particuliers.

La plupart des lignes de métro circulent dans les sens Uptown - Downtown et non pas latéralement. Des panneaux électroniques positionnés sur le côté des rames indiquent le point de départ et la destination du train, ainsi que le nom de la ligne et son itinéraire.

Les trains réguliers s'arrêtent à toutes les stations tandis que les trains express ne s'arrêtent qu'aux principales stations. Le coût d'un billet aller simple, quelle que soit votre destination, est de 1,5$. Vous pourrez acheter des jetons, que vous pourrez aussi utiliser dans les autobus, dans des cabines situées à l'entrée de chaque station. Si vous voyagez de nuit, le wagon central, où se trouve généralement le contrôleur et la grande majorité des voyageurs, est sans doute l'endroit le plus sûr. De jour, le voyage en métro n'est pas plus risqué que dans les autres métropoles.

Le tarif en autobus est lui aussi de 1,50$, dont vous devrez vous acquitez avec le montant exact ou en utilisant un jeton. Vous pouvez

passer d'une ligne à l'autre, mais si vous devez changer de ligne en cours de route, demandez au conducteur un "transfer" lors de l'achat du billet.

Les **bus** ont des arrêts tous les deux ou trois pâtés de maison, habituellement près des intersections, lorsqu'ils circulent sur les avenues et les grandes artères de la ville. À l'arrêt du bus est mentionné le numéro de la ligne. Les autobus ont également un affichage électronique indiquant leur numéro, la ligne et la destination.

Taxis : les célèbres "yellow cabs" new yorkais sont visibles partout et leurs tarifs sont raisonables. Vous pouvez leur faire signe dans la rue ou les trouver devant les grands hôtels, les théâtres, les gares.

Les **ferrys** transportent les voyageurs vers Staten Island et Hoboken, dans le New Jersey. Roosevelt Island (île de Roosevelt) est accessible par tramway aérien à partir de la station de la 60e rue, à proximité de la seconde avenue. *Voir aussi* **Personnes handicapées**.

Urgences

En cas d'urgence, composez simplement le **911** et vous serez rapidement mis en contact avec le service voulu. Efforcez-vous, si possible, de fournir des indications précises, comme le nom de l'hôtel, ou le nom de la rue et de l'intersection la plus proche. Des cabines téléphoniques spéciales ont été installées sur le bord des

Les tours du World Trade Center.

autoroutes reliant les États, tous les 400 à 800 m, d'où vous pourrez demander de l'aide sans avoir à composer le 911. Dans les cas de circonstances particulièrement graves, votre consulat pourra aussi peut-être vous venir en aide.
Voir aussi **Santé**.

Vêtements

Les Etats-Unis n'ayant pas adopté le système métrique, si vous souhaitez acheter des vêtements ou des chaussures, prenez connaissance du tableau de concordance des tailles fourni ci-après (ce qui ne vous empêche pas de faire des essayages, car suivant les marques, les tailles peuvent varier) :

Taille des robes

USA	6	8	10	12	14	16
F	36	38	40	42	44	46

Taille des chaussures (dames)

USA	5	6	7	8	9	10
F	36	37	38	39	40	41

Taille des chemises (messieurs)

USA	15	15.5	15.75	16	16.5
F	38	39	40	41	42

INDEX